SCHLUSS MIT DEM AUSVERKAUF!

SCHLUSS MIT DEM AUS-VERKAUF!

Den traurigen Niedergang der Union,
ihre bedingungslose Kapitulation vor dem Zeitgeist
und den allgemeinen Verfall unserer Parteiendemokratie
erörtern, obwohl sie niemand darum gebeten hat,
Arnulf Baring, Josef Kraus, Mechthild Löhr
und Jörg Schönbohm.

Redaktion
Alexander Kissler

Berlin 2011

—

LANDT

INHALT

VORWORT

Europa steht am Scheideweg. Für die Europäische Union und den Euro gilt das erst recht. Auch Deutschland muss sich entscheiden. Wohin soll das Land sich wenden, damit es nicht am Finanzinfarkt oder an innerer Auszehrung zugrundegeht? Selbst Demokratie und Republik sind keine Größen, denen man heute frohgemut Ewigkeitsrang zusprechen könnte. Es wird zunehmend »durchregiert«.

Nicht zuletzt sind CDU und CSU an einer Weggabelung angelangt. Wird nach dem Ende der Volkspartei das Prinzipielle wiederentdeckt, das Nichtverhandelbare – oder verschärft sich der Trend zum Pragmatismus, zur spätmodernen Diskurspolitik? Dass es nicht weitergehen kann wie bisher mit Schuldenkrise, Parteienkrise und Vertrauenskrise, bestreitet niemand in diesen Tagen. Was aber muss geschehen, damit der Scheideweg nicht in die Sackgasse führt? Und wen trifft die Schuld, wenn es doch geschieht? Wer wurde seiner Verantwortung nicht gerecht?

In einer hellsichtig gegenwartskritischen Komödie sagt ein Narr zum anderen: »Ach, Menschen von heute. Sind doch alle nicht mehr ernst zu nehmen.« Das Widerwort ist scharf und grundsätzlich: »Das sagst du jetzt bei jeder Gelegenheit. Die Wettervorhersage. Ach, ist doch alles nicht mehr ernst zu nehmen. Der Börsenbericht. Ach, ist doch alles nicht mehr ernst zu nehmen. Das Klonen von Mensch und Tier. Ach, ist doch alles nicht mehr ernst zu nehmen. Was ist denn noch ernst zu nehmen? Der Tod?« Ernsthaft wird diese Frage dann nicht beantwortet in der Komödie *Der Narr und seine Frau heute abend in Pancomedia.* Ihr Autor aber, Botho Strauß, weiß genau, wie gefährlich diese scheinbar so leichte Rede geworden ist.

Einerseits wächst nämlich die Schar derer, die sich mit dieser Formel achselzuckend abwenden von Demokratie und Politik. Eben weil – so heißt es dann – keiner der politischen Akteure ernst zu nehmen sei, ihre Floskelrhetorik nicht und ihre Problemanalyse nicht, ihr routiniertes Abwiegeln ebensowenig wie ihre routinierte Empörung, verwende man Zeit und intellektuelle Energie lieber auf andere, fasslichere Dinge. Politik sei ein schmutziges Geschäft. Andererseits stabilisiert eben dieser Rückzug ins Private die Herrschaft der Floskeln und derer, die sie machtbewusst im Munde führen. Auch wer sich abmeldet aus dem öffentlichen Streit, wird das, was er nicht werden wollte: Partei. Wer schweigt, stimmt zu, stimmt ein in das Crescendo und Decrescendo der *classe politique*.

Aus diesem Grund hat Botho Strauß unlängst, im August 2011, zehn Jahre nach der Uraufführung von *Pancomedia*, eine andere Formel für den wachsenden Verdruss des Zivilbürgers gewählt. Unter der Überschrift »Klärt uns endlich auf!« forderte der Schriftsteller ein Ende der allgegenwärtigen Neigung, diese oder jene politische Entscheidung flugs für alternativlos auszugeben. Das »noch aus Maggie Thatchers Zeiten« stammende Akronym »Tina«, »there is no alternative«, hebele die Politik aus. Es diene den Regierenden schlicht dazu, »einer zu ihrem Vorteil gefällten Entscheidung den Anstrich der Unumgänglichkeit zu geben.« Ob europäische Staatschuldenkrise, Bankenrettung oder Atomausstieg – die ganze politische Szene habe »mit einem Schlag den Antagonisten verloren. Es gibt keine Parteien mehr, es gibt nur noch Atomaussteiger. Tina!«

Insofern hat für Botho Strauß die Tina-Politik, wie sie etwa die deutsche Bundeskanzlerin betreibt, Teil am enervierenden

Geplapper: »Ein Wort, das vielleicht allgemein aufhorchen ließe, wurde von einem Politiker seit langem nicht vernommen. Die Autorität, die er vielleicht kraft seines Amtes noch besitzt, leidet in der Regel, sobald er den Mund aufmacht. Jedermann ist des Gewäschs überdrüssig. Man will nie wieder etwas von einem Schritt in die richtige Richtung hören. Selbst wenn er getan würde, was offenbar nur selten der Fall ist, bliebe er in solcher Sprache ungetan für den Zuhörer, die Floskel isoliert ihn hermetisch vom Tatbestand.« *(FAZ, 23. 8. 2011)* Auch deshalb ist es nötig, zu einem öffentlichen Gespräch über die Grundlagen des Politischen zurückfinden, wie es sich in diesem Buch ereignet, tastend und energisch zugleich.

Denn was steht auf dem Spiel? Der Medientheoretiker Norbert Bolz sieht hinter dem Gerede von der angeblich alternativlosen Politik die Sehnsucht nach der Diktatur aufleuchten. »Ein Politiker«, so Bolz, »der behauptet, zu einer bestimmten Politik gäbe es keine Alternative, ist (...) ein Tyrann.« Jürgen Kaube von der *Frankfurter Allgemeinen Zeitung* erkennt in den von der Kanzlerin angekündigten Souveränitätsverzichten hilfebedürftiger Euro-Länder die Wiederkehr der »kommissarischen Diktatur« und das Entstehen einer »absolutistischen Demokratie«.

Bewegen wir uns demnach auf neue Unfreiheiten, neue Verknechtungen, womöglich globalen Ausmaßes, zu? Der Schriftsteller, Filmemacher und Zeitdiagnostiker Alexander Kluge nennt die Gegenwart eine »vorrevolutionäre Zeit, in der nur das Subjekt der Revolution noch unklar sei.« Die erste Hälfte des 20. Jahrhunderts habe aus Menschheitstragödien bestanden, die zweite Hälfte aus einer »geradezu unwirklichen Friedfertigkeit«. Jetzt könne sich die erste

Jahrhunderthälfte wiederholen, eine Entgleisung der Welt. Das Jahr 2012 erinnert Kluge an das Jahr 1912, kurz vor dem »großen Knall«. Wichtigstes Indiz für die Wiederkehr der Katastrophe sei das verschwundene Vertrauen, dass die Krise zu bewältigen ist.

Man muss den apokalyptischen Blick nicht teilen, um ein fundamentales Ungenügen zu verspüren, eine Unruhe, die kein Räsonnement stillstellt. Europa steckt sogar laut EU-Kommissionspräsident José Manuel Barroso in einer tiefen »Wirtschafts-, Finanz- und Sozialkrise«. Die Europäische Union stehe vor der größten Herausforderung ihrer Geschichte. Und gerade nun kollabiert das Vertrauen in die Europa tragenden Institutionen, weitet sich das legitimatorische Defizit zum Misstrauensvotum gegen Politik überhaupt: Man will es lieber nicht so genau wissen, weil den Politikern nicht über den Weg zu trauen sei. Man vernimmt die Nachrichten aus dem Jammertal und lebt unbehelligt weiter, als wäre nichts geschehen, in der Welt von gestern. Sehr lange wird sich dieser Schein von Normalität nicht aufrechterhalten lassen. Die Einschläge kommen näher, sagt Alexander Kluge, wie damals im Luftschutzkeller.

Bestechend klar hat Hans Magnus Enzensberger vor diesem Hintergrund die »Entmündigung Europas« beschrieben. Sein Essay über das »sanfte Monster Brüssel« gipfelt in der These, die Europäische Union strebe die »Umerziehung von fünfhundert Millionen Menschen« an. Wie stets sei »für jede machtbewusste Exekutive (...) die Passivität der Bürger ein paradiesischer Zustand.« Wenig spreche »bisher dafür, dass die Europäer dazu neigen, sich gegen ihre politische Entmündigung zur Wehr zu setzen«. Dann aber könnte der

»Eintritt in ein postdemokratisches Zeitalter« tatsächlich bevorstehen, der ein Rückfall wäre in vorkonstitutionelle Zustände.

Doch warum in die Ferne schweifen, wenn das Schlechte liegt so nah? Nicht nur Brüssel, auch Berlin erscheint derzeit nicht gerade als Hort republikanischer Transparenz. Der erste Mann im Staate, Bundespräsident Christian Wulff, kritisierte Ende Juni 2011 scharf die wachsende »Aushöhlung des Parlamentarismus«. Und er fuhr fort: »Damit schwindet die Grundlage für Vertrauen, fehlt die Transparenz und Teilhabe für Bürger und Parlamentarier.« Die bekannte Politikverdrossenheit unter den Bürgern verschärfe sich um eine zusätzliche Dimension, denn »inzwischen sind Politikerinnen und Politiker häufig verdrossen, verdrossen über ihre eigene Tätigkeit und ihre Rolle, die ihnen noch zukommt, verdrossen über ihren schwindenden Einfluss.« Viel zu häufig werde »in kleinen ›Entscheider‹-Runden vorgegeben (...), was dann von den Parlamenten abgesegnet werden soll.«

Wulff nannte als Beispiele die Krise des Euro und den Atomausstieg: »Sowohl beim Euro als auch bei Fragen der Energiewende wird das Parlament nicht als Herz der Demokratie gestärkt und empfunden. Dort finden die großen Debatten nicht mit ergebnisoffenem Ausgang statt, sondern es wird unter einigen wenigen etwas vereinbart und durch Kommissionen neben dem Parlament vorentschieden.« In diesem Sinne meldet sich beharrlich und leidenschaftlich auch der Bundestagspräsident zu Wort, Norbert Lammert. Er konstatiert ebenfalls einen zum Teil selbstverschuldeten Machtverlust des Bundestages zugunsten der Regierung.

Am anderen Ende der politischen Skala stellt man dieselbe Diagnose. Wolfgang Nešković, ehemals Bundesrichter, heute Justitiar der Bundestagsfraktion »Die Linke«, fordert: »Die legislative Macht muss heimkehren in die Gewalt des Parlaments.« Momentan könne von einer wirklichen Gewaltenteilung nicht gesprochen werden. Der Bundestag sei »ein Parlament, das parlamentarische Rechtssetzung verhindert. Er ist nur noch ein Gebilde, durch das die Regierung muss, wenn sie ihre Gesetze machen will.« Nešković schilt den »Verfassungsungehorsam der Regierung« ebenfalls am Beispiel des Atomausstiegs. Das Moratorium für das Gesetz zur Laufzeitverlängerung bedeute, dass die Regierung ein Gesetz nicht ausführen will, zu dessen Ausführung sie verfassungsrechtlich verpflichtet ist. Medien und Öffentlichkeit haben diesen Beschluss begrüßt, »doch auch gewünschte Willkür bleibt Willkür.«

Man mag einwenden: Warum sollte eine Partei, die nach innen Offenheit und Transparenz und Partizipation so weit es geht vermeidet, ihre Liebe zu diesen drei Prinzipien ausgerechnet in der Regierungsverantwortung wiederentdecken? Warum sollte die CDU, in der nach Meinung nicht weniger Beobachter »par ordre de Mutti« regiert wird, in der Exekutive davon abweichen? Die pseudodemokratische Simulationsmaschine läuft geschmeidiger denn je. Der hessische CDU-Bundestagsabgeordnete Klaus-Peter Willsch hat deutlich ausgesprochen, welche Formen sie bereits ausgebildet hat: Die regelmäßig stattfindenden Regionalkonferenzen, auf denen Parteiführung und Parteibasis ins Gespräch kommen sollen, dienten ersterer »nur als Propagandainstrument« und seien »für Entscheidungsfindungen völlig ungeeignet«.

Letztlich, heißt das wohl, steuert die Parteispitze einen Kurs, der weder bei den Wählern noch bei den Mitgliedern Mehrheiten fände. Dass die CDU seit 1990 von damals 790 000 auf heute weniger als 500 000 Mitglieder geschrumpft ist, dass jeden Monat rund eintausend Mitglieder die Partei verlassen, dass die CDU der Ära Merkel bei Wahlen beständig an Zustimmung verliert, könnte auf die Vernachlässigung urdemokratischer Tugenden zurückzuführen sein. Wer mag sich schon engagieren, wenn andere das Sagen haben?

Oder sind es doch die Inhalte, von denen sich Mitglieder und Wähler mit Grausen abwenden? Da mögen sich Philipp Mißfelders »Junge Union« und Otto Wulffs »Senioren-Union« noch so sehr um den programmatischen, den christlichen und konservativen Kern des Parteiprogramms bemühen: An der Spitze der Partei finden sie damit kein Gehör. Das Manifest »Kultur des Lebens« etwa, das die Senioren-Union im Juli 2011 beschloss, hatte keinerlei Auswirkungen auf das Reden und Handeln des führenden Personals.

Erstaunt berichtete Eckart Lohse in der *Frankfurter Allgemeinen Sonntagszeitung* Mitte September 2011 über einen Abend mit der Kanzlerin und Parteivorsitzenden: »Angela Merkel hat die CDU ihrem Willen unterworfen, manches laute Stöhnen der Katholiken, der Konservativen, der Ehemaligen kündet davon. Als sie am Donnerstag in der Konrad-Adenauer-Stiftung, der intellektuellen und wissenschaftlichen Herzkammer der Partei, eine Rede zur Integrationspolitik hielt, die auf jedem Grünen-Parteitag bejubelt worden wäre, durchzuckte es manchen der Zuhörer.«

Aus vielen Gründen also kamen im Herbst vier Bürger dieses Landes zusammen, um ihrem Herzen Luft zu machen: Eine

Personalberaterin, ein Lehrer, ein Publizist und ein ehemaliger General und Minister wollen sich mit den deutschen Scheindebatten und Selbstberuhigungen nicht länger abfinden. Arnulf Baring, Josef Kraus, Mechthild Löhr und Jörg Schönbohm sprachen über das, was unleugbar der Fall ist, und über das, was geschehen müsste, die Not zu wenden. Es entstand, wie zu sehen sein wird, ein munteres, forsches und hoffentlich anstößiges Gespräch, die Grundlage für diesen Band, der ein Anfang sein soll, ein Präludium zu einem gesamtgesellschaftlichen Konzert der Stimmen.

Gewöhnlich heißt es in der editorischen Notiz zur Druckfassung solcher Gespräche, der mündliche Duktus sei beibehalten worden. Das stimmt auch hier *grosso modo*. Gleichwohl wurde nach Abschrift und Korrektur an der Klarheit der Gedanken, die immer eine Klarheit des Ausdrucks ist, weitergearbeitet. Der lebendige Charakter der Auseinandersetzung hat dabei hoffentlich keine Einbußen erlitten. Die letzte Fassung ist Anfang Oktober entstanden.

Der ursprünglich vorgesehene Titel »Es reicht!« war leider ebenso vergeben wie die bekannteren Alternativen »Wehrt euch!« und »Empört euch!«. Dass der nun gewählte Titel eine mindestens doppelte Bedeutung hat, dürfte unmittelbar einleuchten. Schließlich sollten weder unsere materiellen noch unsere immateriellen Werte, sei es panisch oder planvoll, verramscht werden. Auf verramschte Ware folgt zuweilen der Konkurs des Produzenten. Das haben Deutschland und Europa nicht verdient, und auch um die Union wäre es schade. Ein Anfang könnte also gemacht sein.

Wie jedes Gespräch ist auch dieses unendlich. Es lebt fort, wo ihm widersprochen oder zugestimmt, wo weitergedacht wird. Und natürlich immer dann, wenn das politische Lullaby verstummt, mit dem wir uns beruhigen, das sei doch alles nicht so dramatisch, ach, das sei doch alles nicht mehr ernst zu nehmen. So mild und süß klingt das Wiegenlied nur auf der Titanic.

Alexander Kissler   Berlin, im Oktober 2011

I. PAR ORDRE DE MUTTI

Wie man Stammwähler vertreibt

BARING   Seit der Bismarckschen Reichsgründung 1871 sind vier ganz verschiedene deutsche Regime gescheitert: das Kaiserreich, die Weimarer Republik, das Dritte Reich und die DDR. Was ihnen allen gemeinsam ist: Die jeweiligen Eliten haben – mit wenigen Ausnahmen – bis zum Ende fest geglaubt, auf der sicheren, der obsiegenden Seite zu stehen. Ich habe den Eindruck, das gilt auch heute.

Ernsthafte Bedrohungen halten wir gar nicht für möglich. Wir finden alle innen- und außenpolitischen Gefahren letztlich unerheblich. Wir glauben fest, die Bundesrepublik sei unverwüstlich. Wenn Bundeswirtschaftsminister Philipp Rösler auf das Risiko einer griechischen Insolvenz hinweist (das jeder halbwegs wache Deutsche kennt), geht ein Aufschrei durchs Land, obwohl es eine Selbstverständlichkeit ist, dass auch Staaten in die Insolvenz gehen können. Die sture Verbissenheit unserer Regierung bei immer neuen Euro-Rettungen, ihre zur Schau gestellte Selbstsicherheit, finde ich außerordentlich beängstigend. Denn man spürt den schwankenden Boden, auf dem sie das sagt, bemerkt erschrocken, mit welcher fast schon totalitären Attitüde Abweichler unter Druck gesetzt werden.

Es ist unglaublich, wie arrogant die gegenwärtige Regierung eine freie Aussprache des Parlaments in einer Schicksalsfrage der Nation unterbunden hat. Der Ältestenrat des Bundestages hatte keine Sternstunde, als er dem Parlamentspräsidenten rechtswidriges Verhalten vorwarf, weil Norbert Lammert zwei Abgeordneten der Koalition für jeweils fünf Minuten gestattet hatte, ihre abweichende Meinung dem Plenum vorzutragen. Konsterniert erfährt man, der Kanzleramtsminister habe sich nach der Probeabstimmung dazu hinreißen lassen, seinen Fraktionskollegen Wolfgang Bosbach mit gossenhaften Worten zu beleidigen. Das hätte mich, wenn ich an Bosbachs Stelle gewesen wäre, dazu gebracht, Ronald Pofalla (um mich auf sein Niveau der Auseinandersetzung zu begeben) links und rechts mehrere Backpfeifen zu verpassen.

SCHÖNBOHM   Die CDU-Vorsitzende Angela Merkel muss am Beginn ihres siebten Amtsjahres als Kanzlerin zugleich einen gewaltigen Autoritätsverlust hinnehmen. Die von ihr verordneten Schweigegebote haben sogar in der eigenen Partei nur eine Halbwertszeit von wenigen Stunden. Ihr Regierungsbündnis aus CDU, CSU und FDP bröckelt. Nicht nur beim Euro, sondern auch bei der Pflege, bei der Frage nach einer PKW-Maut, bei der Vorratsdatenspeicherung, bei der Steuerreform oder beim Betreuungsgeld ist die Koalition weit entfernt von einer gemeinsamen Linie.

KRAUS   Dieser Autoritätsverlust hat eine Menge mit Prinzipien- und Orientierungslosigkeit zu tun. Einige Altvordere haben das im Sommer 2011 öffentlichkeitswirksam auf den Punkt gebracht, vor allem Helmut Kohl und Erwin Teufel.

BARING   Deutschland hat in Europa und in der Welt ein viel besseres Ansehen, als man bei uns glaubt. Dieses Ansehen ist dadurch gefährdet, dass wir uns nicht hinreichend darüber im klaren sind, was unsere Interessen sind. Natürlich haben wir,, wie alle anderen Staaten auch, das Recht, sie angemessen zu vertreten. Weil wir das nicht tun, allen gegenteiligen Beteuerungen zum Trotz, sagt Helmut Kohl in der *Zeitschrift für Internationale Politik* mit gutem Grund, Deutschland sei keine berechenbare Größe mehr.

LÖHR   Kohl sagt auch: Wir müssen wieder deutlich machen, wo wir stehen, wo wir hinwollen, welche Werte und Prinzipien wir vertreten. Auch wenn der Kanzler der Einheit den Namen Merkel nicht erwähnt, meint er damit eindeutig die Kanzlerin.

SCHÖNBOHM   Es ist bezeichnend und traurig zugleich, dass sich jetzt unsere Altvorderen so massiv einmischen müssen. Aber ich bin froh, dass sie es tun. Vor allem Erwin Teufel hat mich beeindruckt. Hoffentlich begreift die Merkel-CDU, dass die Sorgen und die Analysen Teufels sehr wohl hilfreich sind. Vor allem teile ich Teufels Urteil, dass das »C« im Namen CDU überflüssig wird, wenn man sich nicht an ihm orientiert, und dass eine Volkspartei Politiker mit Bodenhaftung gerade auch für ihren Erfolg bei den sogenannten kleinen Leuten braucht.

LÖHR   Was die CDU braucht, hat Erwin Teufel mit einem einzigen Satz auf den Punkt gebracht: Sie muss eine weitsichtige, vertrauensvolle, berechenbare, wirklichkeitsnahe und werteorientierte Politik betreiben.

KRAUS   Allerdings vernehme ich aus der Führung der CDU nichts dazu. Sonst aber bekommen Teufel und Kohl überall enorm viel Zustimmung: von den Hessen Volker Bouffier und Christean Wagner, vom Baden-Württemberger Thomas Strobl, vom Thüringer Mike Mohring, von einem sympathisch tapferen Wolfgang Bosbach, ja sogar von dem sonst immer sehr vorsichtig und ausgewogen formulierenden Bernhard Vogel.

SCHÖNBOHM   Die Führung der CDU hat leider nicht begriffen, vor welchen Problemen die Partei steht. Ich merke allerorten eine große Unzufriedenheit über ihre Unzuverlässigkeit, ihre mangelnde Berechenbarkeit und ihre schnellen Stellungswechsel. Und dann diskutieren die Generalsekretäre von Union und FDP in einer Sonntagszeitung miteinander und versichern sich gegenseitig, alles sei wunderbar, nur weiter so. Der Wähler habe eben vieles noch nicht verstanden, die Lage sei viel besser als die Stimmung. Tatsächlich aber laufen die Leute der CDU davon; damit muss sie sich endlich substantiell auseinandersetzen.

KRAUS Das kann ich nur bestätigen. Ich habe einen sehr großen Bekanntenkreis, der zu 90 Prozent aus – zum Teil nunmehr ehemaligen – Unionswählern besteht. Sie gehen kaum noch zur Wahl, weil sie nicht bereit sind, grün oder rot oder dunkelrot zu wählen. Aber eine Merkel-CDU ist für sie auch nicht mehr wählbar, weil dort nur Situationsethik und die Pragmatik des jeweiligen Tages den Ton angeben. Leitideen und wertegebundene Grundsätze spielen keine Rolle mehr. Merkel ist zum programmatischen Fragezeichen geworden.

SCHÖNBOHM Die Malaise begann schon 2002, als es hieß, die CDU wolle jetzt Patchwork-Familien unterstützen und sich um neue Wählerschichten bemühen. Ich habe das sofort in einem Interview mit dem *Spiegel* kritisiert. Frau Merkel rief mich an und fragte mich, ob ich in dieser Frage Krieg wolle. Nein, ich wollte eine grundsätzliche Diskussion anstoßen, zu der es kurzfristig auch kam. Merkel ging schließlich mit der Sprachregelung an die Öffentlichkeit, Schönbohm sei der Wachmann und sie die Putzfrau; er bewache das konservative Tafelsilber und sie putze es. Das Ergebnis: Die CDU verlor Stimmen und gewann mit der neuen Strategie keine hinzu. Beliebigkeit lohnt sich eben nicht. Seit 2002 hat die CDU fast alle Wahlen verloren. Die CDU stellt zwar die Kanzlerin, aber wie lange noch?

KRAUS   Allein in Nordrhein-Westfalen haben bei der Landtagswahl 2010 mehrere hunderttausend Wähler, die bei der Bundestagswahl 2009 noch bürgerlich wählten, gar nicht mehr gewählt.

BARING   Ich bin seit langem ein Anhänger der Kanzlerin. Sie ist eine außerordentlich intelligente, kenntnisreiche und obendrein fleißige Regierungschefin. Sie ist immer gut unterrichtet und absolut uneitel. Sie spricht öffentlich nicht anders als im kleinen Kreis. Das nahm mich immer sehr für sie ein. Inzwischen rücke ich von ihr ab – mit zunehmender Geschwindigkeit und in wachsender Ratlosigkeit – seit ihren anmaßenden Äußerungen über Thilo Sarrazin.

Und dann: Wie konnte man die Wehrpflicht ohne öffentliche Diskussion zugunsten einer Freiwilligenarmee abschaffen – mit der Begründung, man müsse sparen? Jetzt wird es teurer, und wir finden nicht genug Freiwillige. Das Bekenntnis zum »Bürger in Uniform« war seit Jahrzehnten ein Markenzeichen gerade der CDU. Man hat es achtlos fallenlassen. Unter den Bedingungen der Wehrpflicht entschieden sich viele geeignete junge Männer für die Offizierslaufbahn, die jetzt andere Wege gehen werden.

Ganz allgemein vernachlässigen wir die Elitenbildung. Wie wir auch an der Bildungspolitik sehen, wollen wir jungen Leuten nichts mehr zumuten – um den Preis, dass aus ihnen nichts wird.

Völlig entgeistert war ich bei Merkels abrupter Wende in der Atompolitik, von der sie doch noch kurz zuvor öffentlich und intern behauptet hatte, wir brauchten sie so lange als Brückentechnologie, bis neue Energiequellen in ausreichendem Maße zur Verfügung stehen. Wir wissen bisher überhaupt nicht, wann wir über genug alternative Energie verfügen werden. Wenn wir heute sagen: Wir steigen auf jeden Fall in elf Jahren aus, ist das verantwortungsloser Unsinn, den ich der Regierungschefin wirklich übelnehme. Der Publizist Johannes Gross hat einmal bemerkt: Das Schlimme an den Opportunisten sei, dass sie keinen Sinn für Opportunität hätten.

Auch in der Euro-Krise machte die Kanzlerin von Anfang an keine gute Figur. Wie konnte man nur glauben, mit unvorstellbaren Summen, die man Griechenland hinterherwirft, werde ein Domino-Effekt verhindert? Es war doch völlig klar, dass sich andere Länder dadurch erst ermutigt fühlen würden, finanzielle Hilfen für selbstverständlich zu halten. Eine Währungsunion aus Ländern mit fundamental unterschiedlicher Mentalität und Wirtschaftskraft kann nicht funktionieren. Jede teure Rettungsmaßnahme macht die Lage schlimmer, die Lasten größer. Aber was hören wir? Wie sagte Margaret Thatcher? »Tina«! Nein, es gibt immer Alternativen. Wer das leugnet, ist in den meisten Fällen nur zu feige, sie zu benennen. Das ist töricht!

LÖHR · Bei den diversen Euro-Rettungsversuchen wurde das Parlament regelrecht ausgebremst. Auf den eigentlich entscheidenden Ort unserer öffentlichen Debatte wird offensichtlich kein Wert mehr gelegt. Die CDU stellt sich sogar in die unsägliche Gerhard-Schröder-Tradition und erweckt die einstigen

Ethikräte zu neuem Leben. Sind unsere Abgeordneten nicht mehr in der Lage, selbständig ethische Fragen zu beurteilen?

SCHÖNBOHM   Ethische Fragen? Für mich ist die Entscheidung, ob die Atomkraftwerke jetzt, im Jahre 2022 oder später abgeschaltet und vom Netz genommen werden, keine ethische Frage. Das sind technisch-industriepolitische Fragen.

BARING   Und dann werden mehrheitlich Personen in der »Ethikkommission für eine sichere Energieversorgung« versammelt, die keine Ahnung von den zu lösenden technischen Problemen haben.

LÖHR   Ich bin gläubige Katholikin. Insofern hat für mich das, was die katholische Kirche sagt, Gewicht. Aber bei dieser Ethikkommission gehen sogar Kirchenvertreter und Wissenschaftler ungewählt mitten ins operative politische Geschäft. Wir müssen das Parlament wieder zum Zentrum der politischen Entscheidungsfindung machen, nicht irgendwelche Kommissionen und Räte. Welches Mandat haben denn diese Räte?

KRAUS   Wir erleben eine Entparlamentarisierung der Politik. Der Bundestag hat weithin nichts zu sagen. Ein großer Teil der Befugnisse geht zudem nach Brüssel verloren. Diese bedrohliche Entwicklung wird nicht erörtert. Als bliebe sie unbemerkt. Die öffentlich-rechtlichen Sender tragen dazu bei, indem sie ihren politischen Bildungsauftrag vernachlässigen. Dabei hat das Bundesverfassungsgericht sie mehrfach daran erinnert, dass nur dieser Auftrag die ungeheuer großzügige Ausstattung mit mehreren Milliarden Euro Gebühren rechtfertigt.

LÖHR   Hinzu kommt die demoskopische Dimension. Zunächst wird die Meinungsforschung befragt, und dann schauen wir mal, wie wir entscheiden: So funktioniert heute oft Politik.

SCHÖNBOHM   Gerade in schwierigen Zeiten wählt man Politiker, von denen man weiß, wofür sie stehen. Nur so sind Verlässlichkeit und Vertrauen möglich. Doch wie lange gilt in dieser »Partei der Mitte« morgen noch das, wofür man heute steht? Wenn dann auch noch grundsätzliche Kehrtwendungen in der eigenen Programmatik als alternativlos dargestellt werden, bricht die Stimmung in der Partei weg. Eine Partei hat eine Seele – die Seele einer Partei sind die gemeinsamen Überzeugungen ihrer Mitglieder. Die Mitglieder gehen auf die Straße, sie plakatieren, investieren Zeit und Arbeit in ihre Partei. Dafür wollen sie wissen, wofür die Partei steht. Früher stand die CDU für Freiheit und eben nicht für Gleichheit. Heute lassen wir uns von einer autoritären Antidiskriminierungsbewegung einschüchtern. Unsere Gesetzgebung übertrifft sogar die diesbezüglichen europäischen Vorgaben.

LÖHR   Wir kannten die CDU als eine werteorientierte, christlich geprägte Partei. Wer die christlichen Werte als Monstranz vor sich her trägt, sollte auch in der konkreten Politikgestaltung als christlich erkennbar sein. Inzwischen beobachten wir die weitgehende Ausrichtung auf ein äußeres, medienwirksames Erscheinungsbild von Kandidaten und Events, während die Programmatik ersatzlos unter den Tisch fällt – talkshowtaugliches Politmarketing statt verantwortlicher Regierungstätigkeit.

SCHÖNBOHM   Vergleichen wir nur einmal das Programm, mit dem wir in die letzte Bundestagswahl gegangen sind, mit den Beschlüssen nach der Wahl. Vieles war überhaupt nicht vorgesehen, vom Ende der Wehrpflicht bis zum Atomausstieg. Die Bürger sagen sich dann: Warum sollen wir die CDU noch wählen? Wir wissen ja gar nicht, was wir da bekommen. Diese fehlende Übereinstimmung zwischen Programm und Realität muss doch zumindest erklärt werden.

KRAUS   Die CDU wird weder verstärkt in den Städten oder großstädtischen Milieus noch von Konservativen gewählt. Sie verliert seit Jahren. Sie schrumpfte bundesweit von schwachen 38 Prozent im Jahre 2002 auf lausige 31 Prozent im August 2011. Die CDU ist keine Volkspartei mehr. Die Leute wollen, wenn sie die Union wählen, das mittlerweile fast unauffindbare Original. Darüber hinaus sehe ich die Idee der Volkspartei als solche im Verschwinden begriffen.

SCHÖNBOHM   Wir kennen den schweren Weg der SPD mit den Hartz-IV-Reformen, die ihr fast den Garaus gemacht hätten. Daher stellt sich die Frage, wie eine Partei heute noch Bindungswirkung entwickeln kann. Wer spricht denn beispielsweise innerhalb der CDU in der zweiten Reihe, unterhalb der Kanzlerin, öffentlich wahrnehmbar für die unterschiedlichen Politikbereiche? Für die Wirtschaftspolitik, die Sozialpolitik, die Gesundheitspolitik? Man weiß es nicht. Überhaupt stellt sich die Frage: Wer ist denn noch da? Friedrich Merz? Weg. Roland Koch? Weg. Wer ist denn noch da von den Männern oder Frauen in der zweiten Reihe, die erkennbar für ein Thema, für eine Idee brennen?

BARING   Kein Mensch hat Koch gezwungen, die Politik zu verlassen und in die Wirtschaft zu wechseln. Auch Merz, dieser begabte große Junge, ist nicht durch die Kanzlerin vertrieben worden. Er hat sich selber vom Spielfeld genommen. Wenn die Führungsgremien nur Feiglinge in der Partei dulden, dürfen wir uns nicht wundern, wenn Frau Merkel als einzige Person, die kein Weichei ist, übrigbleibt.

LÖHR   Einspruch! Was mich noch viel mehr stört, ist die Tatsache, dass es in der CDU überhaupt keine Gesprächskultur mehr gibt. Wenn aber eine Partei aufhört, sich als programmatisch verfasst anzusehen, besteht die Gefahr, dass man bei jeder Frage eben zunächst in Allensbach anruft, um zu sondieren, wie die Mehrheiten sind, und dann entscheidet. Die Folgen zeigen sich in allen Politikbereichen: Wo stehen wir denn in der Familienpolitik? Ursula von der Leyen hat lediglich die Linie der linken Vorgängerregierung fortgeführt. Renate Schmidt zeigt sich sehr zufrieden mit ihrer Nachfolgerin, weil sie die Pläne zur Krippenbeglückung eins zu eins übernommen hat. Selbst Margot Honecker würde staunen. Doch mit CDU-Politik, die von der klassischen Familie her denkt und diese stützen und schützen will, hat diese Krippenpolitik rein gar nichts mehr zu tun.

SCHÖNBOHM   Vor 30 Jahren war man wegen der Westbindung in der CDU, nach der Wiedervereinigung, weil die CDU als Partei der Einheit galt. Diese Aufgabe, Partei der wiedervereinten Nation zu sein, hat die CDU seit 1990 kaum noch wahrgenommen. Generell werden die Parteien einander immer ähnlicher, bis es zum Schluss gleichgültig ist, wer gewählt wird. Die Wähler entscheiden sich immer spontaner, also willkürlicher.

KRAUS   Man ist kein Original mehr, sondern nur noch pseu-dooriginell. Das zeigt sich deutlich in der »Vergrünung« der Union, sei es in der Bildungs- oder in der Energiepolitik. Am Schluss aber werden sich die Bürger fragen, warum sie das schlechte Imitat wählen sollen, wenn es doch das grüne Origi-nal gibt. Je mehr die CDU vergrünt, desto glaubwürdiger macht sie damit die Konkurrenz.

SCHÖNBOHM   Richtig ist aber auch, dass die Grünen im-mer bürgerlicher werden. Sie vertreten Themen, wie etwa den Erhalt der Schöpfung, die auch von der Union mitgetragen werden können. Doch je ähnlicher die Parteien einander wer-den, desto mehr kommt es bei den Wahlen darauf an, für wie glaubwürdig sie gehalten werden. Wenn die CDU ihre Kontu-ren verliert, erodiert auch ihre Glaubwürdigkeit.

LÖHR   Wir haben nur noch vielstimmiges Schweigen; keinen Diskurs, sondern Dekrete, die von oben nach unten durchge-reicht werden. Das nenne ich eine effektive Parteistruktur: Po-litik »par ordre de Mutti«!

BARING   Sie können heutzutage niemandem erklären, wa-rum man welche Partei wählen soll. Die Banalisierung, die verbreitete Infantilisierung macht mir große Sorgen. Josef, Sie sagten doch neulich, es gebe keine Erwachsenen mehr, son-dern nur noch Post-Adoleszenten. Seither merke ich auf Schritt und Tritt, wie recht Sie haben.
    Nicht nur viele Menschen haben keine Façon mehr, son-dern auch die Parteien. Sie zerfasern sich, lösen sich zuneh-mend auf. Ihre populistische Selbstdarstellung hat nichts

mehr mit ihrer Substanz zu tun. Die Mehrheit der Grünen-Anhänger ist im öffentlichen Dienst tätig, also finanziell abgesichert. Auf dieser Basis ist es leicht, eine idealistische Politik ohne Bodenhaftung zu fordern. Da lob' ich mir doch den alten Adenauer, der am Ende seiner Tage sagte: Neunzig Jahre und nur zweimal im Gefängnis – mehr kann man vom Leben nicht erwarten!

II. RAUMSCHIFF UND CLAQUEURE

Wie man Diskussionen verhindert

SCHÖNBOHM   Seit Angela Merkel Parteivorsitzende ist, seit dem 10. April 2000, hat sich die Partei zum rein akklamatorischen Instrument entwickelt. 2005 hat die Bundeskanzlerin in ihrer ersten Regierungserklärung angekündigt: Mehr Freiheit wagen! Ein großes Wort. Wenn man sich dann anschaut, was umgesetzt wurde: gar nichts. Wir haben an keiner Stelle mehr Freiheit gewagt – siehe Antidiskriminierungsgesetz, Gesundheitsreform, Steuergesetzgebung. Die innere Befindlichkeit der CDU ist miserabel. Durchaus bezeichnend scheint mir, wie die ehemalige CDU-Ministerkandidatin und Politikberaterin Gertrud Höhler den inneren Zustand der Merkel-CDU sieht. Für Frau Höhler ist Leadership à la Merkel ein im wahrsten Sinn des Wortes autoritäres Regime, das allerdings verdeckt arbeitet, mit expliziten oder subkutanen Schweigegeboten.

KRAUS   Das ständige Entscheiden nur von oben nach unten macht auf Dauer keine Partei mit. Oder aber die mittlere und untere Führungsebene besteht nur noch aus mittelmäßigen Leuten, die alles mit sich geschehen lassen.

SCHÖNBOHM   Die Bundespartei muss endlich Instrumente schaffen, damit sich divergierende Auffassungen artikulieren können. Sonst werden künftig noch mehr Leute, wie Wolfgang Bosbach und Peter Gauweiler, reagieren.

KRAUS   Die CDU-Funktionäre an der Basis sollen Dinge vertreten, die einsam und abgehoben entschieden wurden. Jeder halbwegs selbstbewusste CDU-Repräsentant fühlt sich zum bloßen Lautsprecher der Spitze degradiert.

SCHÖNBOHM   Augen zu und durch, sagen die meisten Abgeordneten. Ihnen geht es nur darum, die Regierung zu stützen.

KRAUS   Damit sind sie keine Volksvertreter mehr, sondern Vertreter der Regierung.

SCHÖNBOHM   Die Probleme ergeben sich auch daraus, dass wir eine Expertokratie haben, der kein Mandatsträger mehr folgen kann.

LÖHR   Es gab einmal in der CDU eine Wertekommission. Sie ging ohne jeglichen Parteitagsbeschluss sang- und klanglos ein. Was passiert denn bei den heute so beliebten Regionalkonferenzen? Die Große Vorsitzende kommt, hält eine Rede und beantwortet ein paar Fragen, die in der Regel schriftlich eingereicht werden müssen. Dann ist die Sache ohne Diskussion zu Ende: eine Show für das Parteivolk.

KRAUS   Das hat natürlich auch mit Personen zu tun. Der CDU fehlen charismatische Persönlichkeiten.

SCHÖNBOHM   Pepita passt zu Pepita. Man möchte es kleinkariert, personell wie intellektuell. Kein Wunder, dass ein Mann wie Karl Theodor zu Guttenberg kometengleich aufsteigen konnte. Man merkte, wie viele Menschen, auch in den Medien, sich insgeheim charismatische Führungspersönlichkeiten wünschen. Guttenberg wurde als singuläre Erscheinung betrachtet. Da mussten sich alle anderen fragen: Warum sind wir so mausgrau?

BARING In den ersten Jahrzehnten nach 1945 waren die Parteien noch mit einer Vielzahl erstaunlich fähiger Köpfe ausgestattet, obwohl man nach Emigration, Massenmorden und Millionen Kriegstoten das Gegenteil vermuten würde. Sechzig Jahre später, unter ungleich besseren Voraussetzungen, ist die Qualität des Führungspersonals oft erschütternd. Heute bedienen sich die Parteien aus Bequemlichkeit in den eigenen Reihen. Es herrscht ein gigantischer Konformitätsdruck. Die politische Korrektheit liegt wie eine dicke Eisdecke über dem Land. Nicht die unabhängigen Köpfe setzen sich durch, sondern die Apparatschiks. Kohl sagte schon vor vielen Jahren, wenn er sich nur unter den Mitgliedern seiner Fraktion umsehe, würde er bei der Regierungsbildung nicht weit kommen.

In Frankreich, Großbritannien und den USA, den drei Ländern, die wir als Vorbilder betrachten, geht man ganz anders vor. In den Vereinigten Staaten gelangen häufig Wirtschaftsführer in die Politik. In Frankreich greifen alle Lager auf die Absolventen der Eliteschulen zurück. Und wenn man in Oxford oder Cambridge studiert und jeden Tag die Porträts der Premierminister, die aus dem jeweiligen College hervorgegangen sind, an den Wänden der Hall sieht, fühlt man sich automatisch ermutigt, es eines Tages selbst zu versuchen.

KRAUS Symptomatisch für die CDU ist doch auch, dass es keine Debatte um Kronprinzen gibt. Es gab sie unter allen CDU-Kanzlern von Adenauer bis Kohl. Heute fallen keinem CDU-Granden, keinem Journalisten, keinem Bürger Namen von Leuten ein, die antreten könnten, wenn Frau Merkel nicht mehr kann oder will. Verantwortlich ist freilich nicht nur Frau Merkel, schuld sind auch die CDU-Funktionsträger auf mittlerer und unterer Ebene. Mir selbst fällt für den Fall, dass die Kanzlerin urplötzlich weg wäre, nur Norbert Lammert als denkbarer Nachfolger ein.

LÖHR   Sie haben Frau von der Leyen vergessen! Aber den meisten scheint es inzwischen tatsächlich um ihre Versorgung und um Posten für die eigene Klientel zu gehen.

KRAUS   Das ist auch der Grund dafür, dass sich begabte junge Leute mit Interesse an intellektuellen Debatten nicht mit der CDU anfreunden können. Man ist auch an der Parteispitze nicht bereit, Widerborstige zu integrieren – sei es in Parteifunktionen, sei es als beratende Experten. Man schart lieber Jasager um sich.

SCHÖNBOHM   Die CDU ist für junge Leute schlicht und einfach nicht attraktiv. Wenn sie eintreten wollen, wissen sie nicht, wofür sie sich eigentlich engagieren sollen. Allenfalls auf der Kommunalebene haben wir ansatzweise eine Auslese der Besten. Die kommen aber in der Bundespartei nicht nach oben.

LÖHR   Die Grünen haben eine Ideologie, die Identifikation ermöglicht: Ökologie, gerechte Welt, Nachhaltigkeit: neuer Religionsersatz, wie Henryk M. Broder richtig sagt.

SCHÖNBOHM   In der CDU der letzten Jahre gab es keine Spezifika, vielmehr Allgemeinplätze oder alternativlose Änderungen. Was gilt wie lange?

KRAUS   Es fehlen Alleinstellungsmerkmale.

BARING   Mir fällt Dolf Sternbergers Diktum ein: »Wir wissen nicht, wer wir sind. Das ist die deutsche Frage.« Wer sind wir, wer wollen wir sein? Ein reiner Weststaat können wir seit 1990 nicht bleiben. Ostmitteleuropas Stabilität muss uns am Herzen liegen. Können wir unsere politische und ökonomische Existenz ohne Russland sichern? Wir sind längst wieder in der Mittellage angekommen, die an die deutsche Politik extrem hohe diplomatische Anforderungen stellt und mit besonderen Risiken behaftet ist. Kein anderes Land unserer Bedeutung muss mit vergleichbaren Orientierungsschwierigkeiten kämpfen, die uns seit Jahrhunderten zu schaffen machen.

Zu Adenauers Zeiten war das anders. Der Kalte Krieg hatte unsere Lage drastisch vereinfacht. Wir brauchten uns, als wir die Freiheit sichern wollten, nur in die westeuropäisch-atlantische Welt zu integrieren. Die Westeuropäische Union war die Folge der amerikanischen Entschlossenheit, den Kontinent gegen die Sowjetunion zusammenzuhalten. Die EU hatte ihren Ursprung in Washington.

Inzwischen hat sich über weite Teile des Kontinents eine segensreiche europäische Wirtschaftsgemeinschaft etabliert, die uns auch ohne den voreilig eingeführten Euro erhalten bleiben wird. Merkels Mantra, das Schicksal Europas sei unlöslich mit dem Euro verbunden, ist einfach unwahr. Ganz im Gegenteil: Wir erleben jetzt, dass der Euro zu dramatischen Verwerfungen führt, die uns ohne ihn erspart geblieben wären. Unsere Milliardenzahlungen machen die Krise nur schlimmer, lassen sie an Sprengkraft gewinnen. Wenn wir Länder wie Griechenland nicht aus dem Euro ausschließen können, müssen wir eben eines Tages mit unserem eigenen Austritt drohen und eine Art »Nord-Euro« ins Auge fassen. Das ist die entscheidende Alternative, vor der wir stehen. Ich zweifle, dass die Kanzlerin sich je zu dieser Klarheit aufraffen kann.

SCHÖNBOHM   Über eine solche Alternative müsste in der ganzen Partei frühzeitig und ernsthaft diskutiert werden. Aber das fehlt, wie schon bei der Energiewende. Die Basis der Partei muss sich doch ernstgenommen fühlen. Es wird alles nur durchgepaukt.

LÖHR   Offene, lebendige Diskussionen oder Sonderparteitage zu zentralen inhaltlichen Fragen, etwa zur Euro-Rettung, gibt es nicht. Dabei lebt eine Parteikultur davon, dass sie auf demokratisch erstrittene, gemeinsame Beschlüsse verweisen kann. Inzwischen geht es auch ohne. Von der Leyen folgt ihrer Chefin mit beachtlichem Geschick. Es wird nur verkündet. Und das nicht einmal eindeutig: Mal sollen es 250 000, mal 500 000, mal 750 000 Krippenplätze sein. Sie setzt heute eine Zahl in die Welt und morgen eine andere. So schafft man dann kraft eigenen Gutdünkens eine neue Wirklichkeit. Das erinnert mich fatal an die Fünfjahrespläne aus anderen Zeiten, von denen wir ja wissen, dass sie nur selten den Bedürfnissen der Bürger entsprachen. Sicher ist, dass wir aufgrund des rapiden Geburtenschwunds und der zunehmenden Vergreisung in den nächsten Jahren beginnen werden, viele der neugebauten Kinderkrippen in Alten-Krippen umzubauen.

KRAUS   Wenn die Taktik wenigstens aufgehen würde! In Baden-Württemberg zum Beispiel griff man einfach nach den Themen der Konkurrenz, vor allem nach der Anti-AKW-Stimmung. Das Ergebnis war der Machtverlust im wichtigsten CDU-geführten Land. Die Spitze, das Kanzleramt, die das Debakel überstürzt angerichtet hatte, saß wie in einem Raumschiff, geschützt vor den Zumutungen der Realität. Abgestraft wurden die kleinen Funktionsträger im Lande.

BARING Sowohl die Debatte um Sarrazin als auch die Energiewende, die Abschaffung der Wehrpflicht und die Euro-Hektik zeigen, wie fahrig die Kanzlerin geworden ist. Sarrazin hatte seine Thesen bereits ein Jahr vorher in der Zeitschrift *Lettre International* veröffentlicht. Schon damals mussten seine Kritiker in allen Parteien verblüfft zur Kenntnis nehmen, dass er eine überwältigende Zustimmung aus der Bevölkerung bekam. Erstaunlicherweise hat sich ein Jahr später im Kanzleramt offenbar niemand daran erinnert und die Kanzlerin von der neuen Konfrontation abgehalten. Sie sagte, sie habe dieses Buch zwar nicht gelesen, es sei aber nicht hilfreich. Da die Kanzlerin wenig Hilfreiches also nicht liest, brauchen wir hier in unserer Runde keine Rücksichten zu nehmen ...

Damals verlangte sie öffentlich, Sarrazin aus dem Vorstand der Bundesbank zu entfernen. Solche Einschränkungen der Meinungsfreiheit, Willkürentscheidungen auf der Basis bloßen Hörensagens, dürfen wir nicht dulden.

KRAUS Die CDU ist eine Ausstiegspartei geworden: Raus aus der bisherigen Energiepolitik, raus aus der Wehrpflicht, raus aus der Familie, raus aus der Bündnistreue, raus aus der Bildung, raus aus einer soliden Währungspolitik, raus aus dem

Prinzip Eigenverantwortung, raus aus dem Parlamentarismus, raus aus der Diskussionskultur. Eingestiegen ist sie mit Leidenschaft in die Sozialdemokratisierung und Vergrünung.

III. PLURALITÄT ODER IDENTITÄT
Wie man den Kopf verliert

KRAUS   Irgendein boshafter Mensch hat einmal geschrieben, mit Angela Merkel sei zum ersten Mal ein Kopf an die Spitze der CDU gerückt, den man sich ebenso gut an der Spitze aller anderen Parteien vorstellen könne.

BARING   Die personelle und programmatische Auszehrung der CDU ist enorm. Die Leute im Lande merken das, und deswegen ist die Union, wie schon jetzt die FDP, im freien Fall. Das liegt wesentlich an Frau Merkel. In der Schule hieß es früher: »Chemie ist das, was raucht und stinkt, Physik ist das, was nie gelingt.« Die Kanzlerin erinnert mich an meinen alten Physiklehrer Landeß, der immer wieder Versuchsanordnungen aufbaute, die misslangen. Wie er bastelt Merkel hinter den Kulissen geduldig an Lösungen, die oft zu keinem Abschluss kommen. Das nimmt sie achselzuckend hin, denn sie hat gute Nerven. Von Appellen hält sie nicht viel. Die Trompete ist nicht ihr Instrument. Sie fürchtet, lächerlich zu wirken, wenn sie die Backen aufbläst.

Sie sagt nie, worauf sie langfristig hinauswill. Ihr fehlt der strategische Weitblick. Sie wartet ab, wohin die Entwicklung geht – und handelt dann völlig situationsbezogen. Sie neigt zur taktischen Raffinesse, zum lautlosen Taktieren, weiß sich still und leise durchzusetzen.

KRAUS   Ihr Vorgehen hat Gerd Langguth gut beschrieben: Nie sagen, was man eigentlich denkt, immer misstrauisch sein.

BARING   Viele von uns haben lange übersehen, dass die DDR selbst diese Pfarrerstochter aus der ländlich-christlichen

Uckermark mitprägen konnte: Weil die DDR eine von ihr nicht zu beeinflussende fixe Größe war, musste sie immer darauf achten, Schritt für Schritt weiterzukommen, ohne politisch anzuecken. Diese inhaltsarme, aber höchst effiziente Form, sich den Weg durch alle Schwierigkeiten zu bahnen, kennzeichnet sie. Das ist ihre Stärke und Schwäche zugleich. Etwas boshafter formuliert das Peter Struck in seinem Erinnerungsbuch *So läuft das*. Nachdem er die Kanzlerin als Moderatorin der Großen Koalition gelobt hat (das war natürlich auch ein Eigenlob der Sozialdemokraten), schreibt er über sie als Chefin der schwarz-gelben Koalition, sie sei eine gute Pilotin, der man sich bedenkenlos anvertrauen könne – solange einem gleichgültig sei, wohin die Reise geht.

LÖHR Ich frage mich, wie es sein kann, dass die CDU gesellschaftliche Probleme zunehmend mit neuen Quoten regulieren will. Diese »Quotendemokratie« hat weder etwas mit christlichen Werten zu tun noch mit dem christlichen Menschenbild. Ich habe leider den Eindruck, dass in der politischen Debatte das Thema Identität zunehmend abgelehnt wird. Wenn jemand klare Überzeugungen hat, dann wird das inzwischen per se kritisiert. Besonders jede religiöse Position steht inzwischen unter Ideologie- und Intoleranzverdacht, während dogmatische linke oder grüne Positionen weitgehend kritiklos akzeptiert werden.

Wenn ich beispielsweise aus meiner christlichen, katholischen Identität heraus argumentiere, werde ich immer gefragt: »Wenn du so sicher bist, schließt du damit nicht die Meinungsfreiheit der anderen aus?« Subjektiver religiöser Wahrheitsanspruch wird heute oft sofort als Intoleranz dif-

famiert. Dabei lebt der Pluralismus davon, die Unterschied-
lichkeit von Positionen legitim zu finden. Die Diffamierung
einer eindeutigen persönlichen Identität geht heute sehr
weit, zum Beispiel bei der sogenannten Gender-Theorie.
Sogar die sexuelle Identität wird zunehmend bestritten, das
»flexible« Geschlecht staatlicherseits gefördert. Wenn ich
beispielsweise sage, ich fühle mich wohl in meiner Position
als Frau und mir seien daraus auch noch nie Nachteile erwachsen, dann ist das heute offenbar schon eine Diskriminierung derjenigen Frauen, die das anderes sehen, und Fe-
ministinnen schlagen Alarm.

Ich führte 2001 als Vertreterin der Christdemokraten für
das Leben (CDL), die mittlerweile gut 5000 Mitglieder haben, ein aufschlussreiches Gespräch mit der Generalsekretä-
rin Merkel im Berliner Konrad-Adenauer-Haus. Dort gibt es
übrigens bis heute in den öffentlichen Räumen kein einziges
Kreuz, mit Ausnahme persönlicher Kreuze, die Mitarbeitern
gehören. Wir sagten, dass die Parteiführung unser Anliegen
des Lebensschutzes nicht angemessen unterstütze. Darauf
antwortete Merkel sinngemäß: »Ach, wissen Sie, das mit der
CDL ist wie mit der LSU, den ›Lesben und Schwulen in der
Union‹. Sie sind eben beide gleichermaßen Sondergruppen,
die zur Union gehören.« Man muss wissen: Die LSU, von der
wir bei diesem Gespräch zum ersten Mal hörten, war damals
wohl recht klein und frisch gegründet. Da meinten wir: Mo-
ment bitte, wir vertreten den Lebensschutz jedes Einzelnen,
das ist ein Menschenrecht, während die Vertreter der LSU im
Grunde dafür kämpfen, dass die familienpolitisch nicht gerade relevante Homosexualität größtmögliche staatliche Unterstützung erfährt. Das sei doch ein gewaltiger Unterschied.

Da sagte sie: Für mich besteht die Identität der Union in der Offenheit für die Pluralität der Meinungen. Man stelle sich vor: Die Identität besteht in der Pluralität! Und das bei so schicksalhaften Fragen wie dem Schutz ungeborenen Lebens, der für die Union höchste Priorität haben sollte.

SCHÖNBOHM   Ähnliches habe ich an anderer Stelle erlebt. 2002, als sie schon Parteivorsitzende war, sagte sie, wenn wir über Familienpolitik reden, reden wir über Patchwork-Familien. Ich habe mich immer wieder gegen diesen Ansatz gewandt, dann aber zu hören bekommen, dass wir diese Lebensentwürfe akzeptieren müssten. Ich finde aber, dass wir als Volkspartei nicht beliebig sein dürfen, sondern der klassischen Familie den Vorrang geben müssen.

KRAUS   Das erinnert an eine Äußerung von ihr, als sie in einem Interview zu den Grundwerten der Union befragt wurde: »Mal bin ich liberal, mal bin ich sozial, mal bin ich konservativ.« Wenn es ihr opportun, also politisch korrekt erscheint, dann gibt sich die CDU-Vorsitzende und Kanzlerin auch mal mutig antiklerikal. Es war unsäglich, wie scharf sie im Februar 2009 Papst Benedikt XVI. angegriffen hat. Es mag beim Holocaust-Leugner Williamson im Vatikan etwas schiefgelaufen sein. Aber den Papst aufzufordern, er solle sich eindeutig vom Holocaust distanzieren, ist eine bodenlose Frechheit, zumal im Rahmen einer Pressekonferenz mit dem kasachischen Präsidenten Nasarbajew, der nicht unbedingt im Ruf steht, ein großer Demokrat zu sein. Der Papst ist zugleich Staatsoberhaupt. Und außerdem hat wohl noch nie ein Deutscher eine derart eindrucksvolle Rede in Auschwitz gehalten wie Papst Benedikt im Mai 2006. Ungeheuerlich, was sich die Pastorentochter hier erlaubt hat! Der Papst hat sich vor seinem Besuch in Deutschland geweigert, die Kanzlerin zu empfangen.

LÖHR   Wir müssen dringend die Frage nach personellen Alternativen aufwerfen. Wir können nicht nur kritisieren und dann keine Namen zur Hand haben.

SCHÖNBOHM   Das Entscheidende ist, dass die CDU Identität und Bindekraft verloren hat. Diejenigen, die das an der Spitze leisten könnten, sind zum Teil weg. Schauen wir uns einmal das Kabinett an.

KRAUS   Von der Leyen traut sich eine Nachfolge zu. Sie läuft sich ständig warm. Kauder ist domestiziert. Karl Theodor zu Guttenberg hätte es gekonnt, aber er ist weg.

BARING   Nein, Guttenberg hätte es nicht gekonnt. Er ist ein Blender, ein Mogelpeter vor dem Herrn!

LÖHR   Hat sich eigentlich mal jemand die Doktorarbeiten in den anderen Fraktionen genauer angesehen? Blender trifft man dort gewiss auch.

SCHÖNBOHM   Und wen gibt es in den Ländern?

LÖHR   Dort haben wir bei den Jüngeren, gerade auch in der Jungen Union, sehr gute Leute. Allerdings kann man Spitzenleute nicht einfach planen, die müssen auch ermutigt, entwickelt und gefördert werden.

BARING   Der Kanzler der Stunde wäre Peter Gauweiler. Er ist der einzige, der die Gefahren des Euro von Anfang an richtig eingeschätzt hat. Er hat nicht nur an seiner Meinung festgehalten und sie im Parlament vertreten, sondern sogar mehrfach das Bundesverfassungsgericht angerufen, zum Teil mit Erfolg.

SCHÖNBOHM   Die CDU braucht erst einmal Themen, Antworten auf Sachfragen, auf die sie sich festlegt. Dann muss sie entscheiden, wer zu welchen Themen passt.

BARING   Mutige Leute brauchen wir. In der kommenden Krise wird Mut belohnt werden. Offenbar gibt es bisher einen Konsens der Parteien untereinander, den Meinungskorridor bei allen Themen möglichst eng zu halten. Das hat katastrophale Auswirkungen auf das Politikverständnis der Menschen und auf das Wähler- beziehungsweise Nichtwähler-Verhalten. Wäre zum Beispiel die FDP bereit, den Euro fallenzulassen, erhielte sie wohl auf Anhieb dreißig Prozent. Aber die meisten Politiker, die für eine solche Wende in Frage kämen, scheuen das Risiko, zunächst in der Diffamierung durch die veröffentlichte Meinung unterzugehen.

SCHÖNBOHM   Was ich sehr beklage, ist die Tatsache, dass immer mehr junge Leute, die sich professionell in einer Partei engagieren wollen, nicht zuvor einen Beruf ausüben. Die Parteien ermutigen sie auch noch, Politiker im Vollberuf zu werden. Dadurch werden sie von der Politik und den Parteien abhängig. Wie oft habe ich in persönlichen Gesprächen mit Abgeordneten gehört: »Ja, das mag alles sein – aber ich muss noch drei, fünf oder sieben Jahre Abgeordneter sein, bevor ich einen Pensionsanspruch habe.«

BARING   Insgesamt gelingt es nicht, kluge Köpfe für die Parteien zu gewinnen. Hans-Olaf Henkel, denke ich mir, wäre gerne in die Politik gegangen, zum Beispiel in die FDP. Ein führender FDP-Mann gestand mir, das gehe natürlich nicht. Rainer Brüderle, den ich übrigens schätze, sei der Wirtschaftsmann der FDP, da könne es keinen zweiten neben ihm geben.

Diese Angst vor politischen Quereinsteigern hat einen Mangel an Führungsfiguren zur Folge. In der Vergangenheit haben die Liberalen, obwohl ihre Partei klein war, über Jahrzehnte hinweg wegen ihres exzellenten Personals eine herausragende Rolle gespielt. Das gelingt den Schülerlotsen an der heutigen Spitze nicht.

KRAUS   Wen schart die Kanzlerin denn im Kanzleramt um sich? Pofalla-Typen. Leider hat Edmund Stoiber nach seiner Zweidrittel-Mehrheit von 2003 ähnliche Fehler gemacht und Leisetreter um sich gesammelt. Doch gerade bei einer so großen Mehrheit braucht man kritische Leute.

SCHÖNBOHM   Früher reichte das Spektrum der CDU von Dregger/Strauß bis Blüm/Süssmuth. Heute geht es allenfalls noch von Peter Müller bis Wolfgang Bosbach. Die Partei wird stromlinienförmig und inhaltleer. Nach der Kanzlerschaft von Frau Merkel werden wir uns in der Opposition neu erfinden müssen. Es wird dann darauf ankommen herauszufinden, auf welche Inhalte der CDU ihre Mitglieder so stolz sind, dass

sie dafür plakatieren gehen und sich im Regen auf die Markt-
plätze stellen.

KRAUS   Wir brauchen mehr Quereinsteiger. Schon heute
wird kaum ein Sparkassendirektor bereit sein, sich zum Abgeordneten in einen Landtag wählen zu lassen.

SCHÖNBOHM   Ganz anders ist die Situation in den USA.
Meine Freunde im Pentagon sagten mir, sie könnten in der
Wirtschaft das Fünffache verdienen. Aber sie seien stolz, ihrem
Präsidenten zu dienen. Ein anderer meiner amerikanischen
Freunde ist im Einsatz für die Vereinigten Staaten tödlich
verunglückt. Auf seiner Beerdigung traf ich seine Witwe, eine
Frau von Anfang Vierzig. Sie sagte mir: »Jörg, you know, he was
proud to serve the President of the United States of America.«
Sein Vater, ein amtierender Brigadegeneral, ergänzte: »He
served for the freedom of the people.« Dabei war es gleichgül-
tig, welcher Präsident gerade amtierte. Es ging immer um den
Repräsentanten des amerikanischen Volkes.

IV. KRIPPENWAHN UND ZWANGSBEGLÜCKUNG

Wie man die Familie zerstört

LÖHR   Was mich und viele besonders provoziert, ist das neue, schleichend etablierte Familienbild der CDU. Wenn Christdemokraten sich des Themas »Vereinbarkeit von Familie und Beruf« annehmen, sollten sie nicht nur auf die Sachförderung setzen, auf den Ausbau von Kinderkrippen. Wenn wir das Prinzip der Familie und der Subsidiarität ernst nehmen, kann die Antwort einer CDU-Bundesregierung nicht allein lauten: Wir bauen ohne eine Bedarfsermittlung flächendeckend Krippen. Wir müssen dringend über andere Formen der Unterstützung nachdenken. Die Mutter hat in den ersten Lebensjahren des Kindes die alles entscheidende Bedeutung. Die Förderung von Tagesmüttern und Eigeninitiativen wie Eltern-Kind-Krippen bis hin zu Au-pair-Lösungen sind immer noch besser als ein einziges flächendeckendes Modell, das für alle passen soll. Damit nicht genug: Die Regierung gibt ein neues gesellschaftliches Leitbild vor, ein mit den Erfordernissen der Wirtschaft völlig kompatibles funktionales Familienmodell: die möglichst vollerwerbstätige Mutter, den vollerwerbstätigen Vater und das fremdbetreute Kind, natürlich ganztags. Das erinnert mich an den Sozialismus. Arbeit als Lebenssinn. Bei uns macht jetzt der Staat die Vorgaben, und die Gesellschaft passt sich dem an. Mit Wahlfreiheit hat eine solche einseitige Berufstätigen- statt Familienförderung nichts zu tun.

KRAUS   Man ebnet den Eltern den Weg, ihre Verantwortung zu delegieren. Diese Verstaatlichung von elterlicher und familiärer Verantwortung bringt mich auf die Palme. Je mehr Kinder außer Haus erzogen werden, desto zahlreicher werden die Verhaltensauffälligkeiten. Kurz und knapp: Kinder aus vollständigen traditionellen Familien, die ihre Erziehungsverantwortung selbst wahrnehmen, fallen schulisch am wenigsten negativ auf.

LÖHR   Und das sind bisher noch über 75 Prozent unserer Kinder unter 3 Jahren!

KRAUS   Auf diese 75 Prozent sollte sich die CDU stärker konzentrieren. Wenn die CDU vor allem versucht, das restliche Viertel einzufangen, verfehlt sie ihre eigentliche Zielgruppe.

LÖHR   Es gibt im Tierschutz recht strenge Vorschriften zur Aufzucht von Welpen. Dort wird beispielsweise vorgegeben, dass es – im Hinblick auf die starke natürliche Bindung zwischen neugeborenen und Mutter – verboten ist, diese zu früh zu trennen. Wir wissen heute nicht nur durch unsere persönlichen Erfahrungen, sondern auch durch die neuere Bindungsforschung, wie unersetzlich und prägend familiäre Geborgenheit gerade in der frühen Kindheit ist. Die Primärbindung, die in den ersten zwei Lebensjahren zwischen Kind und ihrer wichtigster Bezugsperson, meist der Mutter, entsteht, bleibt für das Kind als lebenslange Grundlage stabiler Beziehungsfähigkeit entscheidend. Zu frühe Gruppenbetreuung bedeutet meistens zusätzlichen Stress und negative Einflüsse auf die sozioemotionale Entwicklung des Kindes. Das bestätigen inzwischen psychologische Studien, die sich mit erhöhten Verhaltensauffälligkeiten bei Kindern und Jugendlichen beschäftigen, einem neuen Massenphänomen.

KRAUS   Wir erleben eine im ursprünglichen Sinn des Wortes perverse Entwicklung: Der Staat vernachlässigt seinen Bildungsauftrag so sehr, dass private Schule und Universitäten an Bedeutung gewinnen. Elterliche Erziehung hingegen wird zunehmend verstaatlicht, über Krippen und Ganztagsschulen.

LÖHR Wenn die Bezugspersonen der Kinder ständig wechseln, wie das leider in vielen Krippen der Fall ist, wird es schwierig. Wenn die Rahmenbedingungen stimmen würden, eine enge Beziehung zwischen Erziehern und zu betreuenden Kindern und sehr kleine Gruppen gewährleistet wären, kann ein Krippenangebot sinnvoll sein. Der Staat fragt aber nicht nach diesen besonderen Kriterien. Er sagt, wir bauen flächendeckend Krippen, dann werden die Kinder schon kommen. Aus diesem rein quantitativen Ansatz wird keine Qualität erwachsen, und mehr Kinder gibt es dadurch auch nicht.

Übrigens werden sich Krippenkinder später, wenn ihre eigenen Eltern hinfällig werden, sehr wohl an ihre Krippenzeit erinnern und ihre Eltern entsprechend in die Senioren-Krippen abschieben. Das ist dann die schöne neue Welt à la Huxley, von Christdemokraten mit aufgetischt.

BARING Unsere Diskussionen werden sich in den kommenden Jahren sehr verändern: Jetzt reden wir über die Selbstverwirklichung der Frau und ihren Wunsch, Familie und Beruf zu verbinden. In der nächsten Generation werden wir darüber reden, welche psychischen und sozialen Schäden diese Entwicklung nach sich zieht, weil man – wie jede Frau, jede Mutter weiß – beide Aufgaben letztlich nicht miteinander verbinden kann. Wir werden massenhaft gestörte Nachkommen haben.

KRAUS   Die Familie ist der Ort, die Instanz, wo man lernt, Verantwortung zu übernehmen, rücksichtsvoll zu werden, zuzuhören. Deshalb ist für die gesunde Entwicklung eines Kindes eine intakte Familie mit Mutter und Vater das Allerbeste. In diesem Zusammenhang macht mir Sorgen, dass im Bereich der Erziehung – sei es in Kindertagesstätten oder in den Schulen – Männer eine immer geringere Rolle spielen. Wir haben in den Grundschulen zum Teil über 90 Prozent weibliche Lehrkräfte.

SCHÖNBOHM   Wir reden über die Familie immer nur als Erwerbsverbund, nie als auf Dauer angelegte Lebensgemeinschaft. Warum bekennen wir uns nicht zum tieferen Sinn der Familie? Wir diskutieren lieber über Ehegattensplitting und andere technische Fragen.

LÖHR   In Ehen werden auch heute noch die allermeisten Kinder geboren. Genau deswegen steht die Ehe unter besonderem verfassungsrechtlichen Schutz.

BARING   Das geht ja noch weiter. Ich finde es fatal, gleichgeschlechtlichen Partnern die Adoption von Kindern zu erlauben. Adoptionen sind für sich schon problematisch, weil die eigenen Eltern durch niemanden zu ersetzen sind. Aber in jedem Fall braucht ein Kind auch in der neuen Umgebung »Vater und Mutter«, wie Josef eben zu Recht sagte, um sich ausgewogen entwickeln zu können. Wenn die Adoptiveltern homosexuelle Paare sind, verschließen sie dem Kind diese Möglichkeit. Kinderadoption sollte aber nicht der Selbstverwirklichung von kinderlosen Erwachsenen dienen.

KRAUS   Die Union vertritt mittlerweile ein Familienbild, das dem Gros der Bürgerlichen in Deutschland nicht zu vermitteln ist.

LÖHR   Rund 86 Prozent der deutschen Frauen wählen als Mütter zunächst lieber Teilzeit- als Vollzeitarbeit. Warum akzeptieren wir das nicht einfach? Warum will der Staat, will »unsere« Bundesregierung die Frauen weiter »aktivieren«? Allein wegen des Fachkräftemangels? Warum gibt der Staat das Leitbild der parallelen Vollerwerbszeit vor? Welche Auswirkungen hat ein solcher Paradigmenwechsel auf den gesellschaftlichen Zusammenhalt? Beide Ehepartner stehen demgemäß im Vollerwerb, die Kinder werden von Anfang an in Tagesstätte und Ganztagsschule fremdbetreut, die Großeltern schließlich im Seniorenheim entsorgt: Welche Gesellschaft haben wir dann, und welcher Staat soll das finanzieren? Diese Gesellschaft fliegt uns eines Tages um die Ohren.

BARING   Einen sehr hohen Aufwand betreiben wir, um Frühchen zu retten. Völlig kaltherzig hingegen reagiert unsere Gesellschaft auf die Tatsache, dass Jahr für Jahr weit mehr als hunderttausend Kinder abgetrieben werden. Viele halten das sogar für einen Fortschritt. Wenn eine christliche Partei dergleichen inzwischen stillschweigend – wenn nicht ausdrücklich! – billigt, ist das meiner Meinung nach ihr moralisches Todesurteil.

Wir müssen sehen, dass sich diese Zahlen schon lange zu Millionen abgetriebener Föten summieren. Das läuft auf kollektiven Selbstmord hinaus. Und ist es nicht naheliegend, dass diese Toten uns Deutschen eines Tages auf ähnliche Weise zum Vorwurf gemacht werden wie die Euthanasieopfer nach dem Untergang des Dritten Reiches? Ich denke, so wird es kommen.

LÖHR Inzwischen sind Abtreibungen fast zu einer neuen Form der »Familienplanung« geworden. Auf 1000 Geburten kommen über 160 gemeldete Abtreibungen! Der zusätzliche Skandal ist, dass Christdemokraten die staatliche Finanzierung der Abtreibungen zulassen und dies noch als gelungenen »Konsens« verkaufen.

KRAUS Wenn das Leyensche Gesellschaftsmodell so durchgriffsstark und treffsicher wäre, wie man es propagiert, müssten wir längst eine höhere Geburtenrate haben. Das ist aber nicht der Fall. Sie bleibt stabil niedrig bei 1,36 Kindern pro Frau. Um unseren Bevölkerungstand annähernd stabil zu halten, brauchten wir aber eine Geburtenrate von ca. 2,2 Kindern pro Frau.

Wir hatten lange Zeit eine Alterslastquote von eins zu drei; das heißt auf einen Rentner beziehungsweise Pensionär kamen drei Erwerbstätige. Im Jahr 2050 werden wir eine Alterslastquote von eins zu eins haben. Das wird enorme Auswirkungen haben auf unser Rentensystem, auf das Gesundheitssystem, die Kranken- und Pflegeversicherung.

Die Jubelerklärungen, die Frau von der Leyen für das Jahr 2008 von sich gegeben hatte – 4000 Kinder mehr –, beruhten vor allem auf dem statistischen Effekt, dass nach dem Start des Krippen-Programms ein Schaltjahr kam und so in die Berechnungsperiode ein zusätzlicher Tag fiel, an dem, wie im Jahresdurchschnitt, rund 4000 Kinder geboren wurden. Tatsächlich sind wir zum kinderärmsten Land Europas geworden, zu dem Land, das den geringsten Anteil an jungen Leuten unter 18 Jahren hat. Damit kippt der Generationenvertrag.

BARING   Manch einer glaubt immer noch, dass wir das demographische Problem, vor dem wir stehen, durch verstärkte Zuwanderung lösen könnten. Kurt Biedenkopf hat schon vor Jahrzehnten darauf hingewiesen, dass der massenhafte Zustrom aus anderen Erdteilen neben gewaltigen finanziellen auch große soziale Probleme nach sich ziehen wird.

SCHÖNBOHM   Bei uns ist die Geburtenrate deutlicher zurückgegangen als beispielsweise in den USA, wo es keine vergleichbaren staatlichen Betreuungsprogramme gibt. Der wesentliche Unterschied scheint mir zu sein, dass man dort Kinder mehr liebt. Die Freude an ihnen ist in Amerika, übrigens auch in Frankreich, allenthalben spürbar.

BARING   Das hat Sarrazin richtig erkannt: Deutschland schafft sich ab.

SCHÖNBOHM   Deutschland schwindet dahin, it is fading away!

BARING   Ich hatte zeitweilig die Neigung, alle Leute, die ich traf, Junge und Alte, Kluge und Dumme, Arme und Reiche, zu fragen, wie sie sich Deutschland in hundert Jahren vorstellen. Die Optimisten sagten, Deutschland werde dann in einem europäischen Superstaat aufgegangen sein, in dem die Unterschiede zwischen Spaniern, Franzosen und Deutschen nicht größer seien als heute zwischen Friesen, Sachsen und Bayern. Die Pessimisten fürchteten hingegen: Deutschland werde es dann gar nicht mehr geben. Wir stürben aus oder gingen aufgrund massiver Zuwanderung, zumal aus der türkischen, der arabischen Welt, einfach unter.

SCHÖNBOHM   Angesichts der Arbeitsmarktentwicklung sollen die Frauen zunehmend in Vollzeit arbeiten. Das sind aber dieselben Frauen, die am besten auch zwei bis drei Kinder haben und diese bitte zu mündigen Staatsbürgern erziehen sollen. Das führt zu Überforderungen. Na ja, sagt mancher, dann holen wir eben Pflegekräfte aus anderen europäischen Ländern. Dort gibt es aber dieselben Tendenzen. Insofern werden wir nur zum Teil auf europäische Kräfte zurückgreifen können. Hier kommen also zwei Entwicklungen zusammen: Wir werden immer weniger Deutsche und immer mehr Ausländer haben, die natürlich im Laufe der Zeit zu Deutschen werden müssen, wenn das Land nicht auseinanderfallen soll. Welche Lösungen haben wir für dieses Problem? Was machen wir, wenn künftig ein Großteil des Pflegepersonals bei uns womöglich kein Deutsch kann?

V. ENTMÜNDIGUNG LEICHTGEMACHT
Wie man den Staat mästet und die Bürger schröpft

BARING In dieser Gesellschaft kann man über nichts Politisches unbefangen diskutieren. Alle ernsthaften, konfliktträchtigen Themen sind tabu, auch und gerade das Thema Sozialstaat. Es stimmt doch sehr nachdenklich, wenn das einzige Staatsziel, über das sich alle einig sind, »soziale Gerechtigkeit« heißt. Die Sozialausgaben sind der bei weitem größte Posten im Bundeshaushalt. Wenn wir da kürzen müssen, weil Deutschland, weil Europa bankrott ist, werden nicht die Bürger auf die Barrikaden gehen, sondern die vielen Millionen, die von Sozialhilfe leben. Natürlich will niemand von uns denen Hilfe versagen, die unverschuldet in Not sind. Es ist aber allgemein bekannt, dass unser System zum Missbrauch einlädt. Und das nicht nur zum Wohl der Empfänger, sondern auch zum Besten einer aufgeblähten Sozialverwaltung und ganzer Heere halbstaatlicher Hilfsorganisationen.

Noch nie wurde ernsthaft versucht, die Effizienz dieses Systems wissenschaftlich zu überprüfen. Der Sozialetat des Bundes wurde 2010 um zwölf Prozent angehoben, während der viel niedrigere Verteidigungsetat schrumpfen musste. Immer wieder erfährt der schlichte Zeitungsleser erstaunt, ein einfacher Sozialamtsmitarbeiter habe mehrere hunderttausend Euro veruntreut. Wie ist ein solcher Schlendrian überhaupt möglich? Außerdem beläuft sich die Summe der Gelder, die im Sozialsystem spurlos verschwinden, auf mehrere Dutzend Milliarden. Die gewaltigen Gelder, die wir für den Sozialstaat bereitstellen, fehlen uns in den Bereichen Bildung, Forschung und Integration.

LÖHR Der Staat hat sich gerade unter der CDU zur Entmündigungsagentur entwickelt. Das Wort »Betreuen«

ist doch entlarvend. »Treue« wird ins Passiv gesetzt. Alles und jeder wird betreut. Egal, ob man bereit ist, sich zu integrieren. Egal, ob man bereit ist, etwas zu leisten. Egal, ob jemand der Gesellschaft nutzt oder schadet: Jeder, der will, wird betreut. Immer und überall, von der Wiege bis zur Bahre.

SCHÖNBOHM   »Soziale Gerechtigkeit« ist ebenfalls ein Wort aus der Werkstatt für Tatsachenvernebelung. Immer wenn das Präfix »sozial« dazukommt, wird es ungerecht. Dann geht es meistens nicht darum, dass starke Schultern mehr tragen als schwache – wogegen niemand etwas haben kann und was ja auch der Fall ist. Fünfzehn Prozent der Bürger zahlen siebzig Prozent des gesamten Steueraufkommens, während vierzig Prozent überhaupt keine Steuern zahlen.

Es ist ungerecht, wenn der Geselle, der jeden Morgen sehr früh das Haus verlässt, nicht viel mehr bekommt als ein Hartz-IV-Empfänger, der ausschlafen kann. Der Staat ist hier nicht mehr präventiv tätig, er kümmert sich lieber um die Reparatur durch Ausschüttung finanzieller Mittel. Auch im Familienbericht der Bundesregierung werden über 150 Maßnahmen aufgeführt, mit denen Familien geholfen wird. Keiner kann diese Maßnahmen wirklich quantifizieren, keiner kann sie wirklich qualifizieren, aber da es um Geld geht, gilt der enorme Aufwand automatisch als sinnvoll.

KRAUS   Die Gefahr einer Entmündigung der Bürger durch den Sozialstaat ist real. Nicht ohne Grund nennt Friedrich August von Hayek die soziale Gerechtigkeit das »trojanische Pferd des Totalitarismus«.

LÖHR   Fünfzig Prozent der Bundesbürger sind bereits Netto-transferempfänger. Das heißt, sie zahlen weniger ein, als sie herausbekommen. Manche Bundesländer, beispielsweise Berlin, liegen mit ihren Quoten deutlich darüber. Jeder Politiker, der nun einmal Mehrheiten braucht, wird diesem Umstand Rechnung tragen. Aber wer, wenn nicht er, erinnert die Bürger an ihre Selbstverantwortung?

SCHÖNBOHM   Wer heute noch die Thesen aus Ludwig Erhards Buch *Wohlstand für alle* verträte, würde glatt aus der CDU ausgeschlossen werden. Erhard hat ganz deutlich gesagt, dass er keinen Staatsbürger will, der zunehmend zum Sozialbürger wird, indem er an dem einen Schalter seine Steuern abgibt und sie am anderen Schalter mit gebuckeltem Kreuz als Begünstigung vom Staat zurückbekommt. So werden die Bürger abhängig und unfrei.

Wenn es überhaupt noch ein Lebensmodell gibt, das unserer gegenwärtigen Führungsschicht echte Angst einjagt, dann ist das die wirtschaftlich unabhängige, gebildete, kinderreiche, christlich orientierte Großfamilie, die ihre Kinder selbst erzieht und sich in keiner Weise von Staat und Medien hineinreden und bevormunden lässt.

KRAUS   Eine ähnliche Schieflage sehe ich bei der Armutsdebatte. Armut wird völlig willkürlich definiert. Bei uns gilt als arm, wer weniger als sechzig Prozent des Durchschnittseinkommens hat. Mit absoluter Armut, wie sie die Kriegsgeneration erlebt hat, hat das nichts zu tun. Die Unzulänglichkeit dieses Ansatzes zeigt sich bei folgender Überlegung: Wenn aus Deutschland tausend Millionäre abwandern, sinkt das Durchschnittseinkommen. Ergo gelten viele Deutsche plötzlich nicht mehr als arm, obwohl sie keinen Pfennig mehr haben und das Volksvermögen gesunken ist. Aber auch hier ist die Union nicht in der Lage, den Missbrauch von Statistik aufzugreifen und anzuprangern.

SCHÖNBOHM   Wir kommen auf unseren Ausgangspunkt zurück: Von welchem Menschenbild gehen wir eigentlich aus? Von der Einzigartigkeit jedes einzelnen Menschen, der sein Leben in die Hand nimmt und gestaltet. Reden wir vom Streben nach Glück oder vom Streben nach Stütze?

LÖHR   Die CDU ist in doppelter Geiselhaft: Zum einen braucht sie, um gewählt zu werden, einen starken sozialen und sozialstaatlichen Ansatz. Zum anderen konnte sie in der Finanzkrise die Banken nicht in Konkurs gehen lassen, weil dann unser Wirtschaftssystem zusammengebrochen wäre. Wenn die Politik in Deutschland wirklich massiv sparen müsste, wie es in Griechenland geschieht, hätten wir Proteste, gegen die »Stuttgart 21« ein laues Lüftchen wäre. Die Regierenden kaufen sich momentan über die galoppierende Euroverschuldung nur Zeit. Die Politik verliert ihre Spielräume.

VI. MIT EURO UND EU GEGEN EUROPA

Wie man das Abendland entsorgt

BARING   Griechenland kann sich nur konsolidieren, wenn es die Euro-Zone verlässt, abwertet und zur Drachme zurückkehrt, meinetwegen eine Euro-Drachme einführt. Das sagen alle ernstzunehmenden Experten. Doch wenn die Griechen nicht freiwillig gehen – und warum sollten sie –, gibt es keine Möglichkeit, sie an die Luft zu setzen. Denn ein Ausschluss ist bekanntlich nicht vorgesehen. Vermutlich werden auch wir Deutsche an den Punkt kommen, an dem wir uns vom Euro verabschieden müssen, weil wir die uns zugemuteten Lasten nicht übernehmen können. Alle Sicherungen gegen die Fehlentwicklungen sind inzwischen durchgebrannt.

Doch den Mut, den Austritt ins Auge zu fassen, um eine ernsthafte Konsolidierung des Euro zu ermöglichen, traue ich in der Regierung niemandem zu, schon gar nicht einem möglicherweise kommenden rot-grünen Bündnis.

Wie will man unseren Landsleuten, den Steuerzahlern, eigentlich plausibel machen, dass wir für unsere Lohn- und Gehaltszurückhaltung zugunsten von Ländern bestraft werden, die vorsätzlich über ihre Verhältnisse gelebt haben? Zwischen 1999 und 2009 hat Griechenland im privaten und öffentlichen Beschäftigungssektor die Löhne und Gehälter um 38 Prozent erhöht, Spanien um 34 Prozent, Italien um 32 Prozent. Und Deutschland um 4 Prozent!

LÖHR   Man kann nicht die Währung mehrerer Dutzend Volkswirtschaften vereinen, die großteils defizitär sind, und ernsthaft behaupten, dass eine derart wacklige Konstruktion trägt.

BARING   Beraten von dem Bankier Sieghardt Rometsch, schrieb ich vor fünfzehn Jahren, vor Einführung des Euro, in meinem Buch *Scheitert Deutschland? Abschied von unseren Wunschwelten:* »Auf welche Erwartung gründet sich die Hoffnung der Euro-Anhänger, daß im Wirtschaftsraum der Europäischen Wirtschaftsgemeinschaft [...] keine Transferzahlungen notwendig sein werden? Selbst enge Berater Kanzler Kohls, auch führende Parlamentarier gestehen inzwischen ein, Deutschland werde im Zuge der Währungsunion ›gewaltige‹ Transferzahlungen erbringen müssen. Im Augenblick [1996] hört man diese Eingeständnisse nur hinter vorgehaltener Hand. Öffentlich werden die zu erwartenden Transferzahlungen als ›Finanzausgleich ...‹, der uns aus dem deutschen Föderalismus vertraut ist‹, bagatellisiert und durch den Zusatz gerechtfertigt, Europa sei ein solches Opfer schließlich wert.

Ist es das wirklich? Es gibt zwar auch jetzt schon Standortnachteile in verschiedenen Ländern der Europäischen Union, die durch Regionalfonds ausgeglichen werden. Sie sind jedoch gering dotiert im Vergleich zu dem, was mit der Währungsunion auf uns zukommt. Warum schenken uns die Euro-Befürworter keinen reinen Wein ein? Sie wissen doch zumindest in Deutschland, in welchem Umfang Transferzahlungen fällig werden, wenn man zwei unterschiedlich leistungsstarke Gebiete in einer Währungsunion zusammenfaßt!

Alle unsere Politiker behaupten bisher, Transferzahlungen kämen nicht in Frage. Jedermann weiß, was sie bedeuten werden: Höhere Steuern, um die Faulenzer, so wird es dann heißen, die an südlichen Stränden in Cafés sitzen, aus unseren Taschen zu finanzieren. Wir haben es dann nicht, wie bei der deutsch-deutschen Währungsunion, mit 17 Millionen ostdeutschen Einwohnern, Landsleuten, die jahrzehntelang unter dem Sozialismus gelitten haben, zu tun, sondern mit hundert Millionen Menschen anderer EU-Staaten, die uns weitaus ferner stehen als die Rostocker oder die Dresdner.

Man muß kein Prophet sein, um vorauszusagen, daß massive Transferzahlungen in schwächere Mitgliedstaaten bei uns (wie in anderen Geberländern) alles andere als populär sein werden. Dennoch werden uns die Anhänger der Währungsunion, wenn es soweit ist, weismachen wollen, es sei besser, diese Konzessionen zu machen, als die Währungsunion auseinanderbrechen zu lassen.« (S. 208 f.)

Damals habe ich schon gesagt, die Sache werde zunächst gutgehen, aber dann, nach und nach, scheitern. All die Stimmen, die jetzt behaupten, wenn der Euro scheitert, scheitere auch Europa, verstärken apokalyptisch die Krise der EU. Sie konstruieren in ihrer Panik einen Zusammenhang, den es nicht gibt. Wir hatten vor dem Euro einen gemeinsamen, allgemein positiv bewerteten Binnenmarkt. Er wird selbstverständlich nach dem Euro weiterbestehen.

So, wie der Euro ist, wird er scheitern. Es war ja nicht die Wirtschaft, die ihn gefordert hat. Er war einerseits die Folge einer französischen Erpressung. Denn ohne den Euro hätten wir die Pariser Zustimmung zur Wiedervereinigung nicht erreicht. Andererseits entsprach er dem idealistischen Europa-Traum Helmut Kohls, der hoffte, die Annehmlichkeiten der gemeinsamen Währung würden die unterschiedlichen Mentalitäten und Wirtschaftsverhältnisse schon zusammenzwingen.

Kohl wird als Totengräber der D-Mark in die Geschichte eingehen und Merkel als Totengräberin des Euro.

KRAUS Insofern gilt für den Euro dasselbe wie für Europa: Beide leiden an Grenzenlosigkeit, Konturlosigkeit und Überdehnung. Wenn man Russland in die Nato aufnähme, wäre die Nato nicht mehr die Nato. Wenn alles gleich gültig ist, wird es den Leuten gleichgültig!

BARING   Ja, aber wir dürfen nicht das Kind mit dem Bade ausschütten. Die Erweiterung der Europäischen Union, gerade in Richtung Osteuropa, war absolut im deutschen Interesse. Den Franzosen war sie gleichgültig, ja ärgerlich, weil sie das Zentrum Europas nach Osten verschob und Frankreich zu marginalisieren drohte. Doch sie war richtig, nicht nur aus ökonomischen und sicherheitspolitischen, sondern auch aus kulturellen Gründen. Die Völker dort sind uns eng verwandt. Aus Sicherheitsüberlegungen halte ich es übrigens für notwendig, mittelfristig Weißrussland und die Ukraine aufzunehmen. Das ist die einzige Chance, dem russischen Imperialismus, der unter Putin wieder massiv gewachsen ist, Einhalt zu gebieten.

SCHÖNBOHM   Als es um die Osterweiterung ging, war ich Staatssekretär im Bundesverteidigungsministerium. Sie war eine ganz wichtige Sache: Wir wollten diese Erweiterung, auch Manfred Wörner als Nato-Generalsekretär wollte sie, andere europäische Länder waren dagegen. Die hinzukommenden Länder haben sich immer als Teil Europas gefühlt.

Wenn Europa zu sich gekommen ist, dachte man, wenn es sich gefunden hat, dann wird es stabil. Deshalb war ich für die Nato- und die EU-Osterweiterung. Die Europäische Gemeinschaft konnte gemeinsame Standards vermitteln, beispielsweise rechtsstaatliche Grundsätze, die Unabhängigkeit der Justiz. Beim Euro aber hat sich die EU übernommen.

VII. SCHIFF OHNE KOMPASS

Wie man die eigene Sicherheit verspielt

SCHÖNBOHM   Seit der Französischen Revolution ist die Wehrpflicht Bestandteil der Demokratien. Bei uns gilt seit Scharnhorst: »Jeder Bürger ist der geborene Verteidiger seines Staates.« Neben dem Recht zu wählen hat jeder Bürger grundsätzlich die Pflicht, die Gemeinschaft unter Einsatz seines Lebens zu schützen. Im Augenblick sind wir nicht unmittelbar bedroht, insofern verstehe ich, dass manche die Wehrpflicht für verzichtbar halten. Was mich aber erstaunt, ist das Hauruck-Verfahren, mit dem sie faktisch abgeschafft wurde. Volker Kauder sagte noch kurz zuvor, das Festhalten an der Wehrpflicht sei ein Markenkern der CDU.

Zwei Wochen später wurde die Partei kurz und schmerzlos entkernt. Dabei wusste man noch gar nicht, wie die Freiwilligkeit organisiert, wie der Wehrersatzdienst behandelt wird, wie die neue Struktur aussieht und welche neuen Aufgaben überhaupt auf die Bundeswehr zukommen. Auch hier zeigte sich: In der Politik gibt es keine zuverlässige und durchdachte Planung. Außerdem entstanden die bereits erwähnten 750 000 neuen Krippenplätze, während die Wehrpflicht nicht zuletzt aus finanziellen Gründen fallen musste. Da sehen wir, wie kurzsichtig die Politik handelt. Als größtes Land in der Mitte Europas können wir uns das nicht leisten.

KRAUS   Die Aushöhlung der Wehrpflicht zog sich über viele Jahre hin. Ständig wurde die Dienstzeit verkürzt – zuletzt auf sechs Monate. Jeder weiß: In einem halben Jahr ist keine vernünftige Ausbildung möglich. Das ist verantwortungslos gegenüber dem Leben der Soldaten. Schon jetzt hat die Bundeswehr mit ihren rund siebentausend im Ausland stationierten Soldaten die Grenze ihrer Leistungsfähigkeit erreicht.

BARING   Ich wundere mich sehr, dass bei uns nicht über sicherheitspolitische Alternativen diskutiert wird. Das Niveau von Politik und Medien sinkt mehr und mehr. Von Meinungsfreiheit kann nicht die Rede sein, wenn kaum jemand ernsthaften Gebrauch von ihr macht.

SCHÖNBOHM   Große Sorgen machen mir die anhaltenden Folgen unserer Enthaltung im UN-Sicherheitsrat. De facto haben wir damit gegen den Libyen-Einsatz gestimmt, an der Seite von China und Russland. Wegen dieser Enthaltung wirken wir im Bündnis wieder als nicht verlässlich.

BARING   Was heißt »verlässlich«? Und auf welchen Regierungschef traf das in der Vergangenheit eigentlich zu? Manche Kanzler gewinnen im Rückblick, andere verlieren. Helmut Kohl war der Kanzler der Einheit, hat aber in den sechzehn langen Jahren seiner Regierung vieles schleifen lassen. Beispielsweise hat er die Sozialpolitik dem spendierfreudigen Norbert Blüm überantwortet.

Gerhard Schröder galt anfangs als Bruder Leichtfuß, der mit seinen Brioni-Anzügen und dicken Zigarren beweisen wollte, wieviel Spaß das Regieren macht. Aber dann hat er in seiner ersten Amtsperiode die außen- und sicherheitspolitische Handlungsfähigkeit Deutschlands beim Einsatz der Bundeswehr auf dem Balkan gegen große Widerstände durchgesetzt. Und in der zweiten Amtszeit hat er mit der Agenda 2010 zur Konsolidierung von Wirtschaft und Sozialstaat beigetragen.

Der Preis war allerdings eine verkürzte Amtszeit und eine im Grunde bis heute anhaltende interne Krise seiner Partei. Auf die Frage, ob er seine Reformprogramme in der SPD nicht länger, gründlicher hätte diskutieren müssen, antwortete er lächelnd, materielle Opfer könne man nur mit einem »Basta« durchsetzen. Also, nach heutigem Stand der Dinge war Schröder ein bedeutenderer Politiker als Merkel.

Merkel orientiert sich in ihrer übermäßigen Vorsicht viel zu sehr an tatsächlichen oder vermeintlichen Stimmungen im Lande. Schon Ende der fünfziger Jahre hat der Politikwissenschaftler Wilhelm Hennis die Regierenden vor den damals aufkommenden Meinungsumfragen gewarnt. Es bestehe die Gefahr einer Unterminierung der repräsentativen Demokratie. Schließlich müsse man bei politischen Entscheidungsträgern einen viel gründlicheren Kenntnisstand und tieferen Erfahrungshintergrund voraussetzen können als bei zufällig befragten Passanten. Der Politiker dürfe sich nicht durch demoskopische Momentaufnahmen irritieren lassen. Tut er aber. Insofern hat Hennis mit seiner Warnung leider recht behalten.

KRAUS   Das Agenda-Setting haben die außerparlamentarischen Diskursverwalter übernommen, von Anne Will über Maybrit Illner bis Günther Jauch.

BARING   Von der deutschen Vorstellung, das Zeitalter der Nationalstaaten sei vorüber, sollten wir uns endlich verabschieden. Außerhalb unseres Landes hat das ohnehin nie jemand geglaubt. Überall bezog und bezieht man sich in erster Linie auf den eigenen Staat. In der Krise zeigt sich, dass die Völker das Sagen behalten und es nicht den Brüsseler Instanzen überlassen wollen. Charles de Gaulle hat schon vor Jahrzehnten prophezeit, dass die Gemeinschaftsorgane zwar in normalen, unaufgeregten Zeiten den Zusammenhalt sichern könnten, nicht aber in existentiellen Krisen. Deshalb gehöre die Zukunft dem »Europa der Vaterländer«.

Das ist heute noch richtig. Wer begreift eigentlich den Ernst der Lage? Nicht nur Griechenland, auch Deutschland droht in der Euro-Krise ein weiterer Verlust von Souveränitätsrechten. Ihn sähe man nicht nur in Brüssel, sondern auch in den Reihen vieler unserer eigenen Politiker lieber heute als morgen. Man kann lange darüber rätseln, warum die Kanzlerin nach der erfolgreichen Abstimmung über den erweiterten Euro-Rettungsschirm am 29. September so schamlos gestrahlt hat. Wenn sie sich mal nicht geirrt hat.

Eine Rückbesinnung auf die Nation ist überfällig. Sie muss sich als Schicksalsgemeinschaft erfahren können und dürfen. Gerade den osteuropäischen Ländern ist das wichtig. Sie wollen die Gängelung durch Moskau nicht durch eine Gängelung aus Brüssel ersetzt wissen.

SCHÖNBOHM   Henry Kissinger hat einmal geklagt, er wisse nicht, wen er anrufen solle, wenn er mit Europa sprechen möchte. Jetzt sagt er, inzwischen habe er zwar die Nummer, bekomme aber keine Antwort. Europa gibt es eben gar nicht.

BARING   Dafür reißen wir Deutschen in Menschenrechtsfragen gern jederzeit die Klappe auf, als ob wir eine moralische Weltmacht wären. Sobald es aber auf konkretes Handeln ankommt, sind wir meist unauffindbar. Die Amerikaner waren so wenig wie wir bereit, sich militärisch in Libyen zu engagieren. Aber als in Bengasi ein Massaker an der Bevölkerung durch die Gaddafi-Truppen drohte, haben sie heimlich eine Evakuierungsflotte zusammengezogen. Diese Haltung imponiert mir.

SCHÖNBOHM   Die Union hat die Außenpolitik komplett preisgegeben. Seit 1966 hat sie keinen Außenminister mehr gestellt. Wir haben uns immer noch nicht daran gewöhnt, dass wir eine unserem UN-Beitrag angemessene handlungsbereite Außenpolitik betreiben müssten.

KRAUS   Der Jugoslawien-Konflikt wurde bekanntlich erst gelöst, als man militärisch eingriff. Linke Pädagogik in Deutschland will das bis heute nicht wahrhaben. Und apropos: Eine Berliner Schule hat im Jahre 2011 beschlossen, keine Bundeswehrangehörigen mehr vor den Klassen sprechen zu lassen. Da fehlen mir die Worte. Unsere Parlamentsarmee ist bekanntlich im Grundgesetz verankert. Begründet wurde der Ausschluss der Bundeswehr aus den schulischen Räumen mit dem peinlichen und geschichtsblinden Argument, man wolle die jungen Menschen dazu erziehen, Krieg nie für eine Lösung politischer Probleme zu halten. Die Potentaten und Tyrannen dieser Erde werden es mit Freude vernommen haben.

VIII. WINDRÄDER, WOHIN MAN BLICKT

Vom Atomausstieg zum Ökosozialismus

BARING   Offen gesagt, läuft der menschenfreundlich daher-
kommende Ökosozialismus auf eine Form von Diktatur hinaus.
Und auf eine massive Enteignung der kleinen Leute. Zum Bei-
spiel werden schon seit Jahren die energiepolitisch bedingten
Steigerungen der Stromkosten auf die Verbraucher umgelegt.
Die müssen sie klaglos bezahlen, weil es ja für einen guten
Zweck sein soll.

LÖHR   Die Stillegung der Atommeiler ist eine Form von Enteignung. Da stellt sich die Frage, warum soll man einen solchen
Schritt nur bei der Energie machen dürfen? So wird die Markt-
wirtschaft ausgehebelt. Der Staatsdirigismus wächst.

KRAUS   Diese Energiewende wird die deutsche Wirtschaft
enorm belasten. Alle deutschen Produkte verteuern sich. En-
ergieintensive Betriebe werden das Land verlassen müssen.
Währenddessen planen Skandinavier, Chinesen, Engländer
und Polen neue Kernkraftwerke. Deutsche Atomtechnik, die
zur ausgereiftesten Technik der Welt gehört, wird außen vor
bleiben.

SCHÖNBOHM   Abermals triumphiert die sektorale Betrachtung. Wenn gerade die Klimadebatte en vogue ist, fährt Merkel mit dem damaligen Umweltminister nach Grönland, um
staunend auseinanderbrechende Eisberge zu besichtigen. In
Indien und China heißt es stattdessen aber: Wir brauchen Energie, also brauchen wir Atomkraft. Wir Deutsche schwärmen
von Windenergie und Solarenergie. Das Ergebnis ist, dass wir
ausgerechnet den Grünen eine flächendeckende Verschande-
lung der Landschaft zu verdanken haben. Mit der neuerlichen

Energiewende, von der Umweltminister Röttgen sagt, sie sei unausweichlich, hätte man ehrlicherweise auch sagen müssen: Wir nehmen in Kauf, dass wir das Erreichen der vor kurzem noch lautstark propagierten Klimaziele zurückstellen, da das Stilllegen der Atomkraftwerke notwendigerweise das weitere Betreiben oder gar den Bau von neuen Kohlekraftwerken verlangt. Und schließlich: Wer kann heute absehen, wie sehr der naturnahe Tourismus unter den Windkrafträdern leiden wird?

LÖHR   Wieder einmal wird jede gründliche Debatte verhindert. Die Energiewende wurde wie viele andere Wenden der CDU weder vorher noch nachher in der Partei diskutiert. Während jeder private Kaminofen und jeder Mini-Kindergartenbau schrittweise und mühsam zertifiziert werden müssen, entscheidet in Schicksalsfragen der Nation die Bundeskanzlerin nach ein paar Gesprächen und Situationsberichten spontan und in kleinster Runde.

KRAUS   Das ist der neue Markenkern der CDU: Dekretieren statt Debattieren.
   Ein völliger Trugschluss war auch die Hoffnung der CDU, mit dieser aus der Hüfte geschossenen Kehrtwende die Wahlen in Baden-Württemberg zu gewinnen. Im Gegenteil: Die Befürworter der Atomkraft wurden verprellt. Die Atomkraftgegner haben aber nicht plötzlich CDU gewählt. Sie haben sich als Grüne bestätigt gefühlt und sehen den Ausstieg der CDU natürlich als ihren Erfolg an.

LÖHR   Man muss den Grünen neidlos zugestehen, dass sie sich mit ihrem großen *Ceterum censeo*, dem Ausstieg aus der

Kernenergie, durchgesetzt haben. Daran waren sie immer er-kennbar, und daran werden sie erkennbar bleiben. Die CDU hat solche Merkmale nicht, weil sie zusehends wie Treibholz im Mainstream schwimmt. Es gibt keinen unantastbaren ide-ellen Grundbesitz der CDU mehr, keinen programmatischen Anker. Es sind keine Ziele und Inhalte mehr erkennbar, die uns als Partei nachhaltig verbinden.

IX. GESCHICHTE OHNE BEWUSSTSEIN
Wie man Integration planvoll erschwert

SCHÖNBOHM   Nach der Wiedervereinigung geschah etwas, womit niemand gerechnet hatte: Die Landsmannschaften kehrten zurück, bei den Sachsen, den Thüringern, den Brandenburgern. Der Regionalbezug erwies sich als ganz wichtige Konstante angesichts der großen Brüche in unserer Geschichte. Die Niedersachsen fühlten sich schon immer »sturmfest und erdverwachsen«.

BARING   Das ist schön, aber in Westdeutschland war das Regionalbewusstsein eine jahrzehntelange Ausweichbewegung, weil die Nation als beschädigt galt. Sie bleibt auf unabsehbare Zeit der entscheidende Rahmen, in dem wir uns als Schicksalsgemeinschaft erfahren und unsere Zukunft gestalten. Die Fehlschläge, ja Verbrechen im Lauf der Vergangenheit kann man nicht leugnen. Aber ich muss Erich Honecker zustimmen, wenn er feststellte, wir – und damit meinte er natürlich nicht seine DDR – hätten weniger Kriege geführt als Frankreich oder Russland. Im späten 19. Jahrhundert, als wir eine weltweit ausstrahlende Leitkultur hatten, waren wir zweifellos das wichtigste europäische Volk. Heute streiten wir uns kleinmütig darüber, ob wir in den engen Grenzen Deutschlands uns und den Zuwanderern so etwas wie eine Leitkultur zumuten dürfen.

KRAUS   Das liegt natürlich auch daran, dass zwölfhundert Jahre deutscher Geschichte auf zwölf Jahre Hitler reduziert wurden … Meiner Meinung nach speist sich die Identität einer Persönlichkeit aus vier konzentrischen Kreisen: Der engste Kreis, der Identität schafft, ist die Familie. Der nächste Kreis ist die landsmannschaftliche Verbundenheit, die man häufig auch als Heimat bezeichnet. Danach kommt das Volk, die Nation, und schließlich, viertens, die starke Verwurzelung in der europäischen Kultur- und Wertegemeinschaft, im christlich-jüdischen Abendland, in Europa. Diese Identität hängt aber nicht vom Funktionieren der EU ab.

BARING   Mit dem dritten Kreis tun wir Westdeutschen uns unheimlich schwer. Das verdanken wir der oft überheblichen, selbstgerechten Tonlage seit den späten sechziger Jahren. Die pubertäre Auflehnung gegen die Eltern, die normalerweise nach einem Jahrzehnt abklingt, wurde seitdem auf die Groß-eltern, ja auf alle Vorfahren, schließlich auf die ganze deutsche Geschichte ausgedehnt, so dass Hitler und seine Bewegung als ihre zwangsläufige Folge erschienen. Ganz abwegig.

Wenn Joschka Fischer proklamiert, der Kern unserer Identität sei Auschwitz, ist das einfach Unsinn. Ein derart schreckliches Verbrechen kann niemals Kern der Identität sein, sondern nur ein Teil. Papst Benedikt XVI. sagte während seines Deutschlandbesuchs, zur deutschen Geschichte gehörten ihre »Größe und Schwere«. Kein Mensch kann trotz aller Fehler, die er macht, und aller Schuld, die er auf sich lädt, ohne die Hoffnung und das Vertrauen weiterleben, trotz allem ein von Gott bejahter Mensch zu sein. Das gleiche gilt für ganze Völker. Wie heißt es doch so bewegend, so tröstlich im katholischen Gottesdienst? »Herr, ich bin nicht würdig, dass Du eintrittst unter mein Dach. Aber sprich nur ein Wort, dann wird meine Seele gesund.«

Wenn ich an Deutsche denke, die ein selbstverständliches, gelassenes Verhältnis zu unserem Land haben, fallen mir zuerst nichtkommunistische Intellektuelle und Bürgerrechtler aus der DDR ein. Warum? Weil sie, jung oder alt, ideologisch immun sind. Unterhalb des aufgezwungenen, abgelehnten Herrschaftssystems konnte sich ein bescheidenes Nationalgefühl erhalten, zumal man seine Hoffnungen auf die Wiedervereinigung setzte. Den Deutschen in der DDR wäre es niemals eingefallen, sich zum »Tätervolk« zu erklären.

Auf seine Weise war auch der erste Bundeskanzler immun. Adenauer konnte ein so eindrucksvoller Regierungschef werden, weil er, fünf Jahre nach 1871 geboren, aus dem selbstbewussten Bürgertum des Kaiserreichs stammte. Als der Nationalsozialismus aufkam, war seine Persönlichkeit und die vieler anderer Politiker seiner Zeit längst geprägt, während die nachfolgenden Kanzler von Ludwig Erhard bis Helmut Kohl den Nationalsozialismus in viel früheren Stadien ihrer Biografie erlebten und von ihm verunsichert, ja beschädigt wurden. Trotzdem haben wir die Nachkriegszeit erstaunlich gut bewältigt – wirtschaftlich, aber eben auch moralisch, denn mit der umfassenden Aufarbeitung der nationalsozialistischen Vergangenheit haben wir uns in aller Welt hohes Ansehen erworben. So etwas hat es in der Geschichte nie zuvor gegeben. Wir müssen uns deshalb nicht auf die Schulter klopfen, aber man darf doch wohl sagen, dass wir alles andere als ein Täterinnen- und Tätervolk auf Bewährung sind.

Also, wie sollen wir Heutigen in kommenden Krisen bestehen, wenn wir nicht die Tatsache würdigen, dass es den Deutschen in den Jahrzehnten nach dem Krieg gelang, ein selbstbewusstes und tüchtiges Volk zu bleiben? Eine positive Selbstvergewisserung dieser Art werden wir dringend brauchen.

SCHÖNBOHM Die Formulierung »Wir haben keine deutschen Interessen, es gibt nur noch europäische Interessen«, die ich leider auch im Bundestag allzu oft gehört habe, ist verhängnisvoller Unsinn. Zugegeben: Bis zur deutschen Wiedervereinigung hatten wir nur die außenpolitischen Ziele der Westbindung und der Verteidigung Berlins vor Augen. Nach der Wiedervereinigung mussten wir erst einmal wieder lernen, in eigenen und eigenständigen Kategorien zu denken beziehungsweise eigene Interessen zu formulieren.

BARING Es unterscheidet uns von anderen Völkern, dass uns das eigene Land fremd geworden ist, unsere lange, lange Vergangenheit im allgemeinen Nebel verschwunden ist. Außer Hitler und Auschwitz kann man kaum ein geschichtliches Thema diskutieren. Wenn man etwa behauptet, unter Reichskanzler Bernhard von Bülow sei das Kaiserreich schon auf dem Weg in die parlamentarische Monarchie gewesen, fragen die Leute: »Wer bitte? Nie gehört«.

KRAUS Der katastrophale Zustand des Geschichtsunterrichts ist daran nicht unschuldig. In vielen Bundesländern gibt es Geschichte nicht mehr als eigenständiges Fach. Wir haben oft Lehrpläne, die auf sogenannte »Kompetenzen« reduziert sind. Solides Faktenwissen ist nicht mehr gefragt und wird deshalb auch nicht mehr vermittelt.

BARING Auch die Vagheit und Schwäche der deutschen Integrationspolitik liegt an unserer mangelnden Selbstsicherheit. Wenn sich bei uns noch jemand an Wilhelm II. erinnert, sind es am ehesten hier eingewanderte Türken. Wenn Bundespräsident Wulff statt von »Deutschen« von »Menschen in Deutschland« spricht, versagt er gerade jenen eingewanderten Ausländern die Anerkennung, die stolz auf ihren deutschen Pass sind und sich als Deutsche fühlen.

LÖHR   Wir reden immer über »Muslime«. Wir distanzieren uns so von ihnen und lassen sie, bildlich gesprochen, draußen. Warum wollen wir nicht durch die korrekte Bezeichnung als »Deutsche muslimischen Glaubens« oder »muslimische Deutsche« deutlich machen, dass diese Menschen, sofern sie einen deutschen Pass haben, Bürger unseres Landes sind, mit allen Rechten und Pflichten?

KRAUS   Anders als beispielsweise Kanada hatten wir viel zu lange eine ungeregelte Zuwanderung. In Kanada kommt die Mehrheit der Zuwanderer aus der »Business Class« und bringt die Gesellschaft voran. Dort erwartet man eine Menge von ihnen, bei uns nicht. Insofern war und ist es falsch, dass man in Deutschland für Migrantenkinder lange Zeit den muttersprachlichen Unterricht mehr gefördert hat als das Erlernen der deutschen Sprache. Wirkungsvoller lässt sich Integration nicht verhindern.

LÖHR   Integration müsste im Kindergarten beginnen, weil dort die Sprachkompetenz erworben wird.

KRAUS   Mütter müssten ebenfalls Deutsch lernen, damit das häusliche Leben nicht nur von türkischen Medien- und Fernsehangeboten bestimmt wird. Stattdessen werden in Rheinland-

Pfalz die Schulen vom roten Bildungsministerium aufgefordert, im Ramadan keinen Sport, keine anstrengenden Schulausflüge oder Klassenarbeiten anzusetzen. Wem soll diese Liebedienerei nützen?

SCHÖNBOHM   Wir stehen derzeit vor zwei Problemen: Zum einen beschäftigt uns die Integration der Neuankömmlinge. Da hat sich Deutschland in den letzten Jahren in eine positive Richtung entwickelt. Zum anderen gilt es jene Familien zu integrieren, die schon in der zweiten oder dritten Generation hier leben, aber bisher nicht integrationsfähig oder -willig waren. Wenn ich in der Vergangenheit dieses Thema angesprochen habe, wurde ich als Apologet einer »Zwangsgermanisierung« verunglimpft. Dabei ging es mir schlicht um das Erlernen der deutschen Sprache und um das Zusammenleben in unserer Gesellschaft. Wie erreichen wir, dass die Migranten gerne bei uns arbeiten und dass sie sich zuhause fühlen?

Wer aus vermeintlicher Fremdenfreundlichkeit zum Festhalten an der Muttersprache ermuntert und damit die Ghettobildung fördert, bringt die Zugewanderten langfristig in erhebliche Schwierigkeiten. Sie haben dann kaum eine Chance, gesellschaftlich aufzusteigen, und bleiben auf demütigende Weise abhängig von unserem Sozialsystem. Das kann man nicht wollen.

KRAUS   Als Friedrich Merz sich vor Jahren einmal erlaubte, eine Debatte über die Notwendigkeit einer gemeinsamen Leitkultur anzustoßen, wurde er allein gelassen – gerade auch von der Kanzlerin.

X. WELLNESS STATT LEISTUNG
Wie man die Bildung abschafft

LÖHR   Warum finden sich eigentlich in der Union so vehemente Fürsprecher der Gesamtschule, durch die das Gymnasium geschwächt und entwertet wird?

BARING   Das leistungsorientierte deutsche Schulwesen des 19. Jahrhunderts war die Grundlage unseres damaligen schnellen industriellen Aufstiegs. Daraus folgt im Umkehrschluss, dass unserem heutigen offensichtlichen Niedergang nur mit erhöhten Anforderungen und steigenden Leistungen begegnet werden kann – und nicht mit immer neuen Absenkungen des Niveaus.

KRAUS   Auch die Bildungsbereiche außerhalb von Gymnasium und Studium sind enorm wichtig. Ein maßgeblicher Bildungs- und Standortfaktor ist zum Beispiel die berufliche Bildung. Ich bin verärgert, dass die CDU die Bildungs-, vor allem die Schulpolitik nicht mehr gestalten will und auch hier eine zunehmende Sozialdemokratisierung und Vergrünung betreibt. Aktuell haben wir sieben CDU-geführte Länder; nur in zweien davon gibt es einen CDU-Kultusminister, in Niedersachsen und in Sachsen. In fünf anderen Ländern hat man dieses Ressort den Grünen, der FDP oder der SPD überlassen. Die mangelnde Bereitschaft oder das fehlende Vermögen, solche Ressorts zu besetzen, ist eine Bankrotterklärung und zeugt von erschreckender Profillosigkeit. Jetzt gibt die CDU auch noch die Hauptschule preis mit der Folge, dass damit weder den Realschülern noch den Hauptschülern gedient ist.

LÖHR   Ohne dass eine solche Reform je von der Partei beschlossen worden wäre.

KRAUS   Auch die CDU sitzt dem Irrglauben auf, dass mit der Hauptschule zugleich der Hauptschüler abgeschafft wäre. Außerdem folgt man der Propaganda der OECD, wonach eine Steigerung der Studierquote volkswirtschaftlichen Nutzen hätte. Ich nenne es ein verrücktes Quotenwettrüsten.

SCHÖNBOHM   Die Schulpolitik der CDU stand immer für das Bewährte und Vernünftige. Damit ist es vorbei. Die CDU hat ihre bildungspolitische Erfahrung über Bord geworfen zugunsten einer sozialpolitischen Betrachtung von Schule. Zu Recht hat die CDU immer auf Chancengerechtigkeit gesetzt. Jetzt schwenkt sie leider auf Chancengleichheit um. Die gibt es nicht.

KRAUS   Es geht auch hier um die Grundsatzfrage: Freiheit oder Gleichheit? Bei der CDU hatte immer das Prinzip Freiheit Vorrang. Jetzt scheint mir die CDU auf Gleichheit zu setzen. Individualität bleibt auf der Strecke. Manche CDU-regierten Länder begnügen sich mit bundesweiten Minimalstandards.

SCHÖNBOHM   Überhaupt muss man fragen: Welches Zukunftsthema hat die Union? Früher hieß die Leitfrage: Wie können wir das, was wir errungen haben, bewahren? Bildung wäre ein solches Thema: Welches Wissen brauchen wir für die Zukunft? Wo bleibt eine Bildungsoffensive, die sich an die Leistungsfähigen und Leistungsbereiten wendet? Bildungsgipfel reichen nicht.

KRAUS   Die meisten sogenannten Bildungsgipfel sind nicht einmal Hügel. Man hört sich schweigend echte oder selbsternannte Experten an, und das war's dann auch schon. Schaufensterveranstaltungen sind diese Gipfelchen und Exkursionen. Bei ihnen lässt sich die Union ihre Bildungspolitik von der Wirtschaft beziehungsweise von Leuten diktieren, denen es nur um Nützlichkeit und Verwertbarkeit von Qualifikation geht.

SCHÖNBOHM   Es geht nur noch um Ausbildung statt um Bildung.

KRAUS   Der Bologna-Prozess zur angeblichen Vereinheitlichung des europäischen Hochschulwesens ist das beste Beispiel dafür.

BARING   Auch das Gerede, Schule müsse heute in erster Linie den neuen Moden folgen und Antworten auf aktuelle Tagesprobleme vermitteln, ist ein Irrweg.
   Wilhelm von Humboldt ging es um Persönlichkeitsbildung, nicht um Fachkompetenzen. Die wurden an Fachhochschulen vermittelt. Der Humboldtsche Geist ist aus der Bildungspolitik völlig verschwunden. Unser Aufstieg im 19. Jahrhundert zur führenden Industrienation Europas wurde möglich, obwohl – oder weil? – die maßgeblichen Bildungsstätten das humanistische Gymnasium und die Universitäten mit ihren auf den ersten Blick völlig »unnützen« klassischen Idealen waren. Damals war es unser Ideal, Deutsche zu klassischen Griechen zu formen. Heute droht uns das mickrige Schicksal, zu modernen Griechen zu werden.

KRAUS   Bundesbildungsministerin Annette Schavan will die Schulkompetenz an sich ziehen. Da kann ich nur sagen: Vorsicht! Wir brauchen keine zentralisierte Schulbildung, sondern einen leistungsorientierten Wettbewerbsföderalismus. Das Prinzip Leistung wurde aber schlichtweg diskreditiert und geradezu als faschistoid verdächtigt. Leistung hat einen Hautgout bekommen. Das schert unsere Konkurrenten in den asiatischen Ländern freilich nicht.

Hätte der Bund 1969 die Bildungspolitik diktiert, hätten wir heute von Garmisch bis Flensburg PISA-Ergebnisse wie in Bremen und Berlin. Wenn der Bund Bildung bestimmen dürfte, dann bekämen wir immer nur auf niedrigem Niveau den Kompromiss der Kompromisse.

LÖHR   Die CDU tauscht ständig Programmtreue gegen Machtorientierung. Alles ist Taktik. Alles wird euphemisiert, um auf jeden Fall »mitten im Leben« zu stehen und medial irgendwie anzukommen. Auf diese Weise opfert auch die CDU das Ideal der Anstrengungsgesellschaft der Wellness-Bequemlichkeit. Das soziale Anspruchsdenken wird auch in der Schuldenkrise ungebrochen kultiviert. Dass dies nicht mehr lange so friedlich weitergeht, liegt auf der Hand. Ein hoher Sozialstandard ist ohne eine leistungsfähige Mehrheit der Gesellschaft nicht zu bezahlen.

KRAUS   Freilich kann das Prinzip Leistung nicht das alleinige Kriterium für Bildung sein. Bildung setzt voraus, dass ich ein Menschenbild habe. Ein solches hat die Union nicht mehr vorzuweisen. In der Bildungspolitik der Union scheint es, um diese Vokabel einmal zu verwenden, nur um »Employability«, um Verwendungsfähigkeit und Verwertbarkeit, als Ziel von Bildung zu gehen, nicht um die Humboldtsche Vorstellung von breiter Allgemeinbildung, die immer ein großer Vorteil war, weil mit solcher Breite auch fachliche Flexibilität garantiert wurde. Der Mensch muss mehr sein als ein nützliches Glied der Wirtschaft.

BARING   Ich wundere mich keineswegs, dass die CDU ihren eigenen Irrweg nicht erkennt. Es gehen oft gerade die Systeme zugrunde, die sich zu sicher fühlen.

LÖHR   Wollen denn die Eltern überhaupt noch ein leistungs-orientiertes, differenziertes, föderales Bildungswesen? Hier beobachten wir dramatische Veränderungen. Die Elternschaft folgt mehr und mehr denjenigen, die ihnen so beharrlich ein-flüstern: Jedes Kind braucht Abitur, längeres gemeinsames Ler-nen ohne Leistungsdruck ist gut, Leistung hingegen bedeutet Stress und irgendwie sogar Diskriminierung der Leistungs-schwachen.

BARING   Betuchte Eltern schicken ihre Kinder längst auf Pri-vatschulen, auch weil sie einer CDU-Schulpolitik nicht mehr über den Weg trauen. Wie in der Energiepolitik folgt die CDU in Bildungsfragen dem reinen Opportunismus, bar jeden Sinns für das Opportune, das Notwendige.

KRAUS   Das nenne ich Situationsethik ohne Sinn für Nach-haltigkeit. Die CDU müsste erkennen: Wenn wir in der Bil-dung auf den Egalitarismus setzen, sind die Folgen eine Ni-veauabsenkung und eine sozial selektierte Privatisierung des Bildungswesens wie etwa in den USA, England, Neuseeland, Japan. Dort kommen fast nur die Kinder reicher Eltern zum

Zuge oder aber Kinder von Eltern, die sich für den Privatschul-
besuch ihrer Kinder maßlos verschulden.

LÖHR Die Hauptstützen unserer Volkswirtschaft sind Mit-
telständler. Ihre Betriebe werden von einsatzbereiten Prakti-
kern und Fachkräften getragen. Das findet in der lebensfernen
Bildungspolitik der CDU aber kaum noch Beachtung. Die CDU
kümmert sich bildungspolitisch nur um das, was gut anzukommen scheint. Wie will man Spitzenpolitiker – in der Regel
sind das heute Akademiker ohne externe Berufserfahrung –
dazu bringen, die wirklichen Probleme im Wirtschaftsalltag
anzusprechen? Sie haben ja meist nichts anderes gelernt, als
Schwierigkeiten schönzureden und gerngehörte, oft leere Ver-
sprechungen abzugeben. Also gibt es auch fast keine Politiker,
die den Eltern sagen, dass nicht alle Kinder für Gymnasium
und Studium geeignet sind.

KRAUS Die Anforderungen liegen offen zutage, die Antworten auch. Ich rate zu einem Acht-Punkte-Programm.
   Erstens: Die CDU muss überall dort, wo sie eine Regierung
anführt, bildungspolitische Verantwortung übernehmen und
so den wettbewerbsorientierten Bildungsföderalismus wieder
in Gang setzen.
   Zweitens: Die Union muss dafür sorgen, dass unterschiedliche Schulformen unterschiedliche Bildungsaufträge und
unterschiedliche Profile bekommen. Und zwar deshalb, damit
diese unterschiedlichen Schulformen der ganzen Bandbreite
von Begabungen und Neigungen gerecht werden können.
   Drittens: Die Union muss nicht zuletzt den Eltern verdeut-
lichen, dass nicht jede Schulform für jedes Kind und umge-

kehrt nicht jedes Kind für jede Schulform geeignet ist. Ein Übermaß an horizontaler Durchlässigkeit führt zur Einebnung von Profilen. Ein für das Gymnasium unbegabtes Kind ins Gymnasium hineinzuboxen schadet dem Kindeswohl.

Viertens: Die Union muss öffentlich deutlich machen, wie hoch der Anspruch der beruflichen Bildung ist. Außerdem muss sie dafür sorgen, dass die Abschlüsse der Berufsbildung »made in Germany« auf EU-Ebene adäquat eingestuft werden, nämlich beim Bachelor.

Fünftens: Die Union muss sagen, dass Jung und Alt kanonisches Wissen brauchen. Wir müssen weg von der hohlen Kompetenzenpädagogik.

Sechstens: Wir brauchen für jeden Schulabschluss, vom Hauptschulabschluss über den mittleren Schulabschluss bis hin zu den Abschlüssen der allgemeinen und der fachgebundenen Hochschulreife landeseinheitliche, bundesweit vergleichbare zentrale Abschlussprüfungen.

Siebtens: Die Union muss sich dafür stark machen, dass auch Hochbegabte eine ihnen gemäße Förderung im gesamten Bildungswesen erfahren.

Achtens: Es kann keine Bildungsoffensive ohne Einbeziehung der häuslichen Erziehung geben. Leider betreibt die Union eher das Gegenteil, nämlich eine fortschreitende Verstaatlichung der Erziehung.

LÖHR Eltern, die nicht über hinreichende erzieherische Befähigung verfügen, muss man beraten, muss man stärken, statt deren Kinder durch staatliche Betreuung zwangszubeglücken. Das wäre praktizierte, bürgernahe und christliche Subsidiarität.

KRAUS   Welchen Wandel hier die CDU vollzogen hat, musste ich in einer Fernsehdiskussion mit dem damaligen niedersächsischen Ministerpräsidenten Christian Wulff erleben. Meine Einlassung, Pflege und Erziehung der Kinder seien laut Grundgesetz das natürliche Recht der Eltern und die zuvörderst ihnen obliegende Pflicht, konterte Wulff mit den Worten, das müsse man heute anders sehen.

XI. ERSATZRELIGION POLITIK

Wie man das Konservative ächtet

KRAUS   Erstaunlicherweise gilt die CDU noch immer als konservative Partei. Konservative sind eigentlich geprägt von einem bestimmten Menschenbild, das sich herleitet von den Werten des Abendlandes, des Christentums und des Judentums. Bei diesem Menschbild sind die Individualität und die Würde des Menschen hoch angesiedelt – als Ausdruck seiner Gottesebenbildlichkeit. Konservative teilen ein bestimmtes Verständnis für das Verhältnis von Individuum und Gesellschaft, das sich auch im Prinzip der Subsidiarität der katholischen Soziallehre widerspiegelt: Der Einzelne und die Familie sollen zunächst ihre Kräfte mobilisieren. Eigenverantwortung kommt vor organisierter staatlicher Verantwortung. Neben diesen beiden wichtigen Merkmalen gehört für mich als drittes dazu: realistisch bleiben.

BARING   Das Wesentliche am Konservatismus ist die Haltung der Skepsis. Der Konservative weiß, dass der Mensch aus »krummem Holz« gemacht ist. Er kann nicht unendlich bearbeitet und verbessert werden, ohne Schaden an seiner Seele zu nehmen. Dieses Wissen um die Begrenztheit des Menschen, natürlich auch um seine Schwäche und Sündhaftigkeit, macht den Konservativen in meinen Augen zu einem größeren Menschenfreund, weil er seinesgleichen unnötige Zumutungen, aber auch unnötige Enttäuschungen erspart. Ohne den hemmungslosen Glauben an den Fortschritt hätten viele Millionen Menschen das 20. Jahrhundert überleben können, die unter der Herrschaft fanatischer Ideologien elend zugrunde gingen.

LÖHR   Ja, ein wichtiger Bestandteil des christlichen Menschenbildes ist die Einsicht in die Unvollkommenheit des

Menschen. Die Politik ist nicht dazu da, ihm durch ständige Bevormundung und Entmündigung zum »richtigen« Bewusstsein zu verhelfen und ihm dabei immer mehr Freiheit und Verantwortung abzunehmen.

KRAUS   Politik kann den Menschen nicht neu schaffen. Wer das behauptet, macht sie zur Ersatzreligion und sich selbst zum Schöpfer.

SCHÖNBOHM   Darin liegt der wesentliche Unterschied zu den anderen Parteien, die den ideologischen Anspruch haben, den Menschen zu erziehen. Konservativ heißt doch, dass wir das, was sich bewährt hat, erhalten und bewahren wollen. Darum muss die CDU dringend überlegen, wie man Familien stärken kann. Doch die CDU bleibt lieber indifferent und erklärt das Singledasein, die Dreierbeziehung, die Patchwork-Familie und gleichgeschlechtliche Beziehungen für gleichwertig. Nach dem Grundgesetz stehen aber allein Ehe und Familie unter dem besonderen Schutz des Staates.

LÖHR   Konservative sind Realisten und haben dennoch Ideale. Sie richten ihre Politik an klaren, unverzichtbaren Werten aus. Sie verbinden Freiheit mit Verantwortung und übernehmen diese nicht nur für sich, sondern auch für andere. Sie trauen den einzelnen Bürgern ein selbständiges Leben ohne Bevormundung zu. Sie wollen keine staatliche Präsenz in jedem letzten Lebenswinkel bis hinein in das Familienleben, bis hin zur Abspeicherung jeder E-Mail.
   Politik fühlt sich heute für nahezu alles zuständig: von der Präimplantationsdiagnostik bis zur Sterbehilfe, von der

Rechtschreibung bis zur Gender-Forschung, von der Sexual-aufklärung bis zum Schutz von Fledermausquartieren. Kaum eine Aktivität in unserem Leben ist noch politik- oder staats-frei. Und sollten Bürger ihre Immobilie einmal nicht an eine Sekte oder Koranschule vermieten wollen, droht Ihnen eine Klage gemäß dem Allgemeinen Gleichbehandlungsgesetz.

Gesellschaftspolitisch lautet allerdings die Devise genau umgekehrt: Jeder Lebensstil ist staatlicherseits gleich gül-tig. Lebt unbekümmert um eure Zukunft. Um die negativen Folgen kümmert sich die Solidargemeinschaft. Nicht Pflicht, sondern Spaß ist heute die oberste Maxime. Wie destruktiv das für die Zukunft unserer Gesellschaft wird, bleibt ausge-blendet, solange es nicht um Klima- und Umweltschutz geht. Der Schutz jeder einzelnen Wanderkröte wird zur Staatssache, aber millionenfache Abtreibung läßt die Politik gleichgültig.

Konservativ wäre es zu fragen, was unserer Gesellschaft Zukunft und Nachhaltigkeit gibt. Was sie lebenswert und belastbar macht, damit sich die Generationen auf Dauer ent-falten können und Freiheit und Sicherheit nicht zu Fremd-wörtern werden. Ja, da kommen wir als Konservative auf die Zukunftsfähigkeit der Familie zurück, die die zentrale Basis jeder stabilen Gesellschaftsordnung bildet.

KRAUS Der Konservative hat eine ausgeprägte Skepsis ge-genüber Ideologien, gegenüber visionären Scharlatanen, ge-genüber den Verkündern neuer Ersatzreligionen. Und er ver-zichtet auf Experimente am Menschen. Womit wir wieder bei der Bildung wären. Gerade in diesem Bereich tut man so, also dürfe man mit jungen Menschen alles mögliche ausprobieren, als seien junge Menschen Werkstücke, die man beim Misslin-

gen des Experiments beliebig oft wieder auf die Fertigungs-
straße stellen könnte. Der Mensch in seiner Einmaligkeit hat
aber nur eine Biographie.

LÖHR   In der Bioethik gilt das erst recht. Wertorientierte
Konservative und überzeugte Christen werden sich nie damit
anfreunden, dass frühes menschliches Leben getötet oder zu
Versuchszwecken missbraucht darf. Ein individualistisch zen-
triertes Menschenbild, das nur vermeintlich autonome Selbstverwirklichung als Maßstab fürs Lebensglück akzeptiert, macht
das Miteinander kalt, bedeutungslos.

XII. DIE EWIGE GEGENWART

Wie man die Nation überwindet und im Nirwana landet

SCHÖNBOHM   Die Frage nach der Selbstvergewisserung wird immer wichtiger: Wer wollen wir sein, wie wollen wir andere Menschen in unsere Gemeinschaft integrieren?

KRAUS   Nach der Wiedervereinigung ist es nicht gelungen, in Deutschland einen aufgeklärten Patriotismus zu entwickeln. Die CDU schreckte aus Angst vor dem linken Mainstream davor zurück. Dabei müsste auch heute noch gelten, was Max Weber einmal gesagt hat: »Allein die Nation kann die innere Bereitschaft der Menschen wecken, sich solidarisch und selbstlos für das Gemeinwesen einzusetzen.«

BARING   Als ich neulich bei Anne Will saß und wir über die Atom- und Naturkatastrophe von Fukushima diskutierten, kam das Gespräch auch auf die japanischen Feuerwehrleute, die ihr Leben riskiert hatten. Die Moderatorin fragte mich: »Wären Sie bereit, wie die japanischen Feuerwehrleute unter Umständen Ihr Leben einzusetzen?« Das sei eine schwierige Frage, entgegnete ich, da ich weder Japaner noch Feuerwehrmann sei. Aber natürlich gebe es Situationen, in denen man sich opfern müsse, um andere zu retten. Alle anderen schüttelten die Köpfe. Theo Sommer, der frühere *Zeit*-Herausgeber, fand meine Antwort ganz falsch. Man müsse doch dafür sorgen, dass es zu solchen Unglücksfällen gar nicht erst käme. Da kann ich nur sagen: Ich bin auch gegen Katastrophen! – Auf wirkliche Ernstfälle sind wir nicht vorbereitet.

KRAUS   Ich könnte mich durchaus mit der Idee einer allgemeinen Dienstpflicht für Männer und Frauen anfreunden, damit jeder junge Mensch, der auch ein ganzes Leben Nutznießer dieser Gesellschaft, dieser Gemeinschaft sein wird, sich einmal bewusst für ein paar Monate in den Dienst dieses Landes stellt. Auch aus demographischen Gründen wird das notwendig werden.

LÖHR   Für solche Entwicklungen brauchen wir Vorbilder. Nicht mediale Scheinvorbilder wie bei »Deutschland sucht den Superstar«, sondern echte Vorbilder im Nahbereich: Eltern, Lehrer, Pfarrer, Trainer, Forscher – Männer und Frauen natürlich. Doch selbst der Wert von Vorbildern wurde schon bezweifelt, da in ihnen eine potentielle »Fremdbestimmung« gesehen wurde.

SCHÖNBOHM   Auch jenseits des eigenen Lebensumfeldes braucht man Vorbilder, an denen man sich orientieren, denen man folgen kann. Um sich für bestimmte Vorbilder zu entscheiden, muss man natürlich bestimmte Erwartungen haben. Man muss etwas erreichen wollen im Leben.

KRAUS   Hinsichtlich Identitätsstiftung ist mir das zuwenig, lieber Jörg Schönbohm. Identität schöpft sich nicht nur aus einem bestimmten Leitbild, sondern aus dem Empfinden, durchaus anders als andere zu sein. Nehmen wir wieder die Konfrontation Abendland versus Islam. Hier brauchen wir ein Denken in der Nachfolge von Heidegger: Zukunft ist Herkunft. Ich denke schon, dass eine objektive Gegenüberstellung des westlichen und des islamischen Menschenbildes, der westlichen und der islamischen Rechtsnormen notwendig ist. Darin liegt eine große Chance. Ob die CDU den Mumm zu einer solchen Debatte hat oder sich restlos der politischen Korrektheit unterordnet, werden wir sehen.

SCHÖNBOHM   Ich bin sogar der festen Überzeugung, dass wir mit dem Islam nicht mehr, sondern weniger Probleme hätten, wenn wir unserer selbst sicherer wären und andere deutlich wissen ließen, was uns wichtig und vielleicht sogar heilig ist. Muslime verachten die Gottlosen mehr als die Christen. Und was für Religionen gilt, gilt auch für Nationen. Ohne die Standfestigkeit Helmut Kohls wäre die Wiedervereinigung nicht gelungen. Misstrauen uns gegenüber gab es ja. In Großbritannien warnte man immer wieder vor dem »Vierten Reich«. François Mitterrand und vor allem Margaret Thatcher versuchten, die Vereinigung der beiden deutschen Staaten zu hintertreiben. Schließlich konnten wir uns dann doch durchsetzen. Warum sagen wir also nicht: Ja, wir sind stolz, als Nation wiedervereint zu sein?

LÖHR   Identität heißt, die verschiedenen, oft entgegengesetzten Anlagen, Einsichten, Erfahrungen, die uns ausmachen, trotz aller Widersprüche und Zweifel zu einem lebbaren Ganzen zu verbinden.

Helmut Kohl sagte häufig, die deutsche Identität hänge vor allem an der D-Mark. Das war der sehr ungenügende Gegenentwurf zum Verfassungspatriotismus. Heute hören wir täglich, bis hin zur Kanzlerin, die Zukunft Europas hänge am Euro. Dieses neue Mantra ist materialistisch, geschichts- und kulturvergessen, einfach falsch. Geld schafft keine Identität und keine Zukunft, Geld macht noch nicht einmal dauerhaft glücklich.

BARING   Bei Wilhelm Tell heißt es: »Wir wollen sein ein einzig Volk von Brüdern, in keiner Not uns trennen und Gefahr.« Das gilt natürlich auch für Schwestern, Frauen, Mütter, Kinder. Wir haben doch bei der Fußball-WM 2006 und bei der Handball-WM 2008 erlebt, dass es in der jungen Generation eine Sehnsucht nach nationalen Gemeinschaftsgefühlen gibt.

SCHÖNBOHM   Hinzu kommt, dass wir die Partei der deutschen Einheit sind. Wir schaffen es aber nicht, darüber zu reden, welche Folgen sich daraus ergeben. Wir sind erstmalig in der Geschichte nur von Freunden umgeben. Daraus resultiert eine besondere, eine gewachsene Verantwortung – in Europa und in der Welt. Die müssen wir annehmen.

BARING   Das sagt sich leicht. Wir müssen doch sehen, dass die deutsche Politik seit der Reichsgründung vor allem außenpolitische Probleme hatte und zweimal dramatisch an ihnen gescheitert ist, während es in der Innenpolitik kontinuierliche Entwicklungen von Bismarck bis Merkel gibt. Das alte Dilemma, dass Deutschland zu klein ist, um Europa zu dominieren, aber auch zu stark, um einer Führungsrolle ausweichen zu können, ist wieder da. Daher schauen viele mit Zittern und Zagen auf diese gewachsene Verantwortung.

LÖHR   Gerade angesichts vieler Vorgaben und Zumutungen auf europäischer Ebene – Gender Mainstreaming, Anti-Diskriminierung, Bologna-Prozess etc. – brauchen wir eine klar umrissene Identität. Stattdessen erleben wir, wie diese Vorgaben in Deutschland nicht nur akribisch umgesetzt, sondern in vielen Bereichen freiwillig übertroffen werden. Solche ideologisch aufgeladenen Themen- und Rechtsbereiche gefährden unsere Gesellschaft, unsere Kultur der Freiheit, das Eigene schlechthin. »Bologna« hat unsere Bildungslandschaft verunstaltet. Und angeblich wichtige Ziele wie höhere Mobilität und kürzere Studiendauer wurden klar verfehlt.

KRAUS   Unsere neue Identität heißt Selbstvergessenheit.

LÖHR   Die   sogenannte   bürgerliche   Bundesregierung schwächt fundamental wesentliche Institutionen unseres Staates. Durch den öffentlichen Druck auf die Bundesbank im Fall Sarrazin wurde ihre politische Unabhängigkeit in Frage gestellt. Bundesregierung und Bundespräsident haben an diesem Trauerspiel entscheidend mitgewirkt, und ähnlich geht es jetzt mit der EZB weiter. Die Politik übernimmt schleichend sogar die Notenbanken.

SCHÖNBOHM   Ich frage mich seit Jahren, warum die US-Amerikaner auf ihr Land stolz sind und wir nicht. Worauf sind die USA stolz? Darauf, dass sie geholfen haben, anderen Ländern ihre Freiheit zu bewahren oder wiederzugewinnen. Westberlin wäre nicht der Leuchtturm der Freiheit gewesen, wenn die Amerikaner nicht dafür gebürgt hätten. Das ist der Unterschied: Amerika ist eine Idee – Deutschland hat eine Funktion.

LÖHR   Das allgemeine Wohlstandsniveau ersetzt die fehlende Idee und die nationale Identität gleichermaßen. Der Wohlstand ist im Grunde die einzige Klammer, die uns zusammenhält. In den Vereinigten Staaten ist diese Klammer zumindest teilweise idealistisch, bei uns ist sie vor allem materialistisch. Können wir uns vorstellen, dass der US-Präsident sagt: »Der Dollar ist unsere Zukunft.«? Wir sind ein Volk von Materialisten geworden. Solange der Staat als Alma mater in der Lage ist, uns zu säugen und zu nähren, wird das Staatsvolk friedlich bleiben. Die deutsche Identität war – zumindest bis zur Einheit – negativ besetzt, ersetzt durch unzureichende Surrogate wie den willig zahlenden Sozialstaat und den abstrakten Verfassungspatriotismus

KRAUS   Dieser Verfassungspatriotismus entsprach einer sehr abgemagerten Vorstellung von nationaler Identität. Das ist in etwa so, als ob ich Fußball liebe, weil die Regeln so toll sind.

LÖHR   Gegenwärtig wird unsere Identität von vier Seiten in die Zange genommen: Erstens wird nicht selten die eigene Identität, die Einheit von Körper, Geist und Seele, unnötig in Frage gestellt: »Wer bin ich, und wenn ja, wie viele?« Besonders deutlich wird diese Entwicklung, wenn es heißt, man könne die sexuelle Identität frei wählen oder gar konstruieren. Als wäre das Geschlecht ein Kleid, das ich mir selbst auf den Leib schneidere ...

KRAUS   Wenn ich kurz unterbrechen darf: Gender Mainstreaming, dem leider auch die Union verfallen ist, bedeutet faktisch Egalisierungswahn und Sexualisierungswahn. Auch CDU-geführte Ministerien geben für solche Umerziehungsprogramme gerne Geld. Geschlecht ist gemäß Gender Mainstreaming in der Tat keine biologische Tatsache, sondern nur eine soziale Zuschreibung. Nicht nur in Deutschland, auch in anderen EU-Ländern werden amtlicherseits die Begriffe Vater und Mutter vermieden und durch »Elter« beziehungsweise »Parent« (im Singular) ersetzt, weil sonst andere Lebensformen angeblich diskriminiert würden.

Im Grunde ist Aldous Huxleys *Brave New World* schon Realität. Durch Gehirnwäsche soll ein sexuell wie ökonomisch allzeit flexibler, geschichtsvergessener und konsumfixierter neuer Mensch entstehen. Man kann heute sogar mit einem Nonsensthema wie »Doing Gender im Chemieunterricht« promoviert werden.

Ich würde mir sehr wünschen, dass ein Bundesinnenminister der Union als oberster Dienstherr einmal der Bundeszentrale für politische Bildung auf die Finger schaut. Dort werden diese Gender-Kaspereien massiv gefördert. – Und im Berliner Schulunterricht sollen die Kinder neuerdings in Rollenspielen mit Homosexualität, mit Darkrooms und Homo-Ehe vertraut gemacht werden. Ist da nicht die Grenze zum Missbrauch überschritten, der doch nicht nur aus sexuellen Handlungen besteht?

LÖHR … zweitens betreibt man eine Abkehr von der Familie, also von der familiär begründeten Identität. Drittens bewirkt die penetrante, parteienübergreifende Fokussierung auf die »bunte« Migrationsgesellschaft starke kollektive Identitätsverluste bei den Bürgern. Viertens zeigt die aktuelle Schuldenkrise, dass der Euro das Zusammengehörigkeitsgefühl der Gemeinschaft überfordert. Seine Folgekosten könnten die Idee Europa begraben.

KRAUS Die EU ist zu einer Gefahr für die europäische Idee geworden.

LÖHR   Eine Frage haben wir noch nicht beantwortet: Was
ist sinnstiftend? Sind wir für die Zukunft gerüstet, wenn wir
uns vor allem mit Konsumismus begnügen? Wollen wir uns
wirklich primär als friedliche, gesundheitsbewusste, sozialver-
trägliche Verbraucher definieren, als Umwelt- und Klimaschüt-
zer? Gibt es nichts Größeres mehr, wofür wir und andere leben
und streiten?

KRAUS   »Consumo, ergo sum«.

LÖHR   Die gerne zitierte Worthülse vom christlichen Menschenbild, dem sich die Union verpflichtet fühle, bringt heute
niemanden wirklich weiter. Was uns allein schon wegen der
Glaubwürdigkeit als Christen besonders beschäftigen sollte,
ist der Schutz des menschlichen Lebens, der Ungeborenen wie
der Sterbenden. Sowohl bei der Abtreibung als auch bei der
Sterbehilfe ist die Union lau und untätig. Unter den CDU-Re-
gierungen wurden Abtreibungen bis hin zur Geburt praktisch
legalisiert. Was für ein Missbrauch von Freiheit!
    Nicht nur CDU-Familienministerinnen konzentrieren sich
seit der Wende auf zwei große Frauenprojekte: Sie wollen die
volle Erwerbstätigkeit von Frauen und Müttern auf das frühere
ostdeutsche Niveau heben und die Liberalisierung der Abtreibung festigen und sichern. Das verbindet sie auch mit den Be-
strebungen der früheren Familienministerin Merkel.
    Wir wollen offenbar weder eigenes Leben noch eigene Kul-
tur an kommende Generationen weitergeben. Dass die Union
hier schweigt, ist erschreckend. Vielleicht hat es auch mit dem
Siegeszug der Agnostiker zu tun? Es ist sehr interessant, dass
Angela Merkel zu ihrem 50. Geburtstag Wolf Singer als Festred-

ner engagiert hat, der als Hirnforscher und Atheist den freien Willen für eine Illusion hält. Die Union will offensichtlich über gelegentliche Gesprächsrunden hinaus keine Partei vor allem für Christen mehr sein. Die neue Botschaft lautet: Alle mögen leben und wertschätzen, wie und was sie wollen, Hauptsache, sie wählen dennoch CDU. Dieser Verzicht auf alles Normative, Klare, Entschiedene, auf Identität und Verlässlichkeit ist wohl der Hauptgrund für die Abwanderung aus der CDU. Sie ist jetzt auf den Mitgliederstand von 1973, also um mehr als 300 000 auf unter 500 000 Mitglieder geschrumpft – proportional weit stärker als Gewerkschaften und Kirche. Dabei haben die Kirchen zusammen noch 50 Millionen Mitglieder, die nicht allesamt nur noch zufällig dabei sind.

KRAUS   Im Grunde verfehlt die nichtssagende Union den Auftrag des Grundgesetzes, in dem es heißt: »Die Parteien wirkten bei der politischen Willensbildung des Volkes mit.«

LÖHR: Es stimmt nicht, dass es in der CDU derzeit kein Programm gäbe. Nein, es gibt ein wenn auch irrelevantes, aber erst 2008 verabschiedetes Grundsatzprogramm und zudem die »hidden agenda« zum Umbau der Partei, die wir schon beschrieben haben.

SCHÖNBOHM   Das sehe ich nicht so. Es gibt keine »hidden agenda«, das ist falsch. Man zerstört die Familie nicht bewusst, aber man nimmt die Kräfte einfach hin, die sie zerstören. Familienpolitik ist zu einer Sache von Spezialisten geworden, die häufig keine eigenen Familien aus Vater, Mutter, Kind haben.

LÖHR Vor diesem Hintergrund wäre es auch keine große Überraschung, wenn die CDU bald dem Adoptionsrecht für Homosexuelle zustimmen würde.

KRAUS Die CDU-Familienpolitik unterscheidet sich nicht mehr von der sozialdemokratischen Familienpolitik einer Renate Schmidt. Sie hat, ohne es zu wollen, für den Witz des Jahrzehnts gesorgt, als sie sagte, viele Kinder wüßten nicht, was Liebe ist; da könne der Staat helfen.

LÖHR Inzwischen vermittelt auch die von der Union geführte Bundesregierung den Eindruck, dass in unserem Leben der Staat wichtiger sei als die Familie.

KRAUS Der Mensch ist leider anfällig für die Neomanie, für die ständige Sucht nach dem Neuen. Schon der Römer Gaius Petronius erkannte das: »Ich habe im Leben gelernt, dass wir oft versuchen, neuen Verhältnissen durch Umorganisieren zu begegnen. Es ist eine phantastische Methode. Sie erzeugt die Illusion des Fortschritts.« Die CDU ist von dieser Neomanie längst infiziert. Sie wird erst gesunden, wenn sie den wahren Wert des Bewahrens wieder für sich entdeckt, zum Wohle der Republik, zur Mehrung des Wohlstands, zum Schutz der Freiheit.

SCHÖNBOHM Worauf wollen wir nun hinaus? Ich sammle noch einmal ein paar der Punkte, über die wir gesprochen haben. Wir haben eine bürgerliche Regierung, aber gerade das Bürgertum wendet sich resigniert und ratlos von ihr ab! Hier geht es nicht nur um Kommunikationsprobleme,

124

sondern eine grundsätzliche Skepsis von Bürgern gegenüber Politikern.

Gerade in unsicheren Zeichen muss eine christlich-demokratische Partei eine klare Orientierung haben – und geben. Die Union und ihre Wähler haben sich offensichtlich auseinandergelebt, es droht dauerhafte Scheidung. Unsere Zukunft hängt nicht vom Euro ab, sondern von unserer Leistungsfähigkeit und der unserer Kinder und Enkel. Gelddrucken schafft keinen Wohlstand, sondern Inflation und neue Schulden. Die Union sollte für generationenübergreifende Nachhaltigkeit stehen und nicht für eine krakenhafte Ausdehnung des Staatsapparates in alle Lebensbereiche hinein. Die Union lebt vor allem von der christlich-freiheitlich geprägten Identität und Motivation ihrer Mitglieder und Wähler. Ansonsten wäre sie austauschbar. Sie muss dringend ihr eigenes Profil wiederentdecken: Sie muss Bürger- und Familienpartei sein, sie muss von der Staatsfixierung wieder zur Subsidiarität und zum Vertrauen auf verantwortungsfähige Bürger zurückkehren.

KRAUS Wir brauchen gesunde Skepsis statt politischer Scharlatanerie. Wir wollen bewahren, was sich bewährt hat, und für das Eigene, für unsere Geschichte und Kultur eintreten. Bürgerliche Selbstverantwortung muss wieder das Land prägen. Das »Fördern und Fordern« muss endlich ernst genommen werden. Die Familie ist und bleibt weltweit, also auch bei uns, der Kern menschlichen Zusammenlebens. Gelassener Patriotismus überwindet die nationale Selbstvergessenheit. Die Nation, natürlich als Teil Europas, bleibt der wichtigste Hort unserer Identität.

BARING   Sagt mal, Ihr Lieben, interessiert das eigentlich irgendjemanden, was wir hier reden?

Vielleicht waren wir noch nicht grundsätzlich genug. Wenn ich mir nüchtern klarmache, was Holger Steltzner heute, am 6. Oktober, in der *Frankfurter Allgemeinen Zeitung* schreibt, dass jetzt die Staaten »in ihrer Not nach der Notenpresse der Zentralbank greifen«, also die Inflation anheizen, dann waren wir in unserer Kritik noch viel zu optimistisch. Die Republik steht vor der ersten wirklichen Krise ihrer Geschichte, vor einer ernsthaften Bewährungsprobe. Ob wir sie erfolgreich hinter uns bringen, werden die kommenden Monate zeigen.

An Gesprächsstoff wird es uns in der nächsten Zeit jedenfalls nicht fehlen. Wenn unsere Bürger nicht so schläfrig wären, stünden sie längst auf den Barrikaden.

© 2011 Landt Verlag, Berlin
Der Landt Verlag ist ein Imprint der
Manuscriptum Verlagsbuchhandlung Thomas Hoof KG, 45731 Waltrop.

Satz: Achim Schmidt, Graphische Konzepte, Waltrop. Gesetzt aus Arno Pro
Umschlag: Pauline Schimmelpenninck, Büro für Gestaltung, Berlin
Druck und Bindung: CPI books, Ebner & Spiegel GmbH, Ulm
Bildrechte: privat

Der Verlag dankt den jeweiligen Rechteinhabern für die freundlich
erteilte Genehmigung zum Abdruck. Rechteinhaber, die trotz intensiven
Bemühens nicht ermittelt werden konnten, werden gebeten,
sich an den Verlag zu wenden.

Printed in Germany
ISBN 978-3-938844-26-7

www.landtverlag.de